JN105551

クリ活2

デジタルクリエイティブ編

目次 Contents

はじめに

変化の波を乗りこなす魔法のサーフボードが、デジタルクリエイティブ

広告業界は変わり続けてきました。それを苦難と思うか、面白いと思うか。

私の場合は、「変革期こそチャンスとイノベーションがある」と直感し、この業界に入りました。それが10年前。今もなお変わり続け、定期的なゲームチェンジとそのダイナミズムを感じています。今のところ、直感は間違っていなかった。

さらに、テクノロジーやデータをうまく使うことで、より刺激的で楽しい景色をつくり出せることもわかってきました。広告以外の手段を活用したソリューションも増えています。ただし、「人」の心を見つめる仕事である以上、本質的に大切な知見は変わりません。それは広告人の永遠の武器です。それに加えて、新しい時代の波を乗りこなすためには、「デジタル」というサーフボードを持っておくことが必要です。荒波を楽しむことができるからです。

本書籍では、そんな多様なテクノロジーの波を乗りこなし、新しい体験、新しい世界をつくっていく「デジタルクリエイティブ」について扱っていきます。

まだ広告に興味がない人にこそ、読んでほしい

広告やその周辺領域のクリエイターを目指す学生さんはもちろん大歓迎。そして、今は興味がなくとも、テクノロジーを使った表現やモノづくりに興味がある学生さんにも読んでいただきたいです。

例えば、理系でテクノロジーやデータに詳しい人。文系だけどガジェットが大好きな人。SNSでネット文化に精通している人。デジタル特有の表現が好きな人。仮説検証を研究室で繰り返してきた人。あらゆる人に読んでもらえたら嬉しいです。今見えている道から、ちょっと視野を広げる。そこには、新しい道がある。よりワクワクする出会いが待っています。モノづくりや表現が好きな人は、「こんな楽しいことでご飯が食べられるとは！」と、発見があるはずです。学生の時の私が、そうでした。そんな新しい景色を探す冒険書のような存在になれば。そんな思いでこの書籍をつくりました。

今回の登場人物全員にインタビューしていく中で、判明したことがあります。それは、学生の皆さん向けに聞いたつもりが、大人が読んでも発見続きで、金言だらけの書籍になったということ。直接話を伺った私が一番得したかもしれません（笑）。ということで、学生さんに加えて、働き盛りの広告業界の皆さん、広告会社の中でもクリエイティブへ転局を試みている方、転職を考えている方など。ぜひ読んでもらえたら嬉しいです。本質的な言葉は、誰がいつ聞いても人生を変える学びになります。

そんな本書籍は、実は3部作。アートディレクション・デザイン編とプランニング・コピーライティング編もあります。書籍の後半に、編集長同士で情報・意見交換をしているパートもあります。読んだ結果、興味を持たれた方はぜひ別の書籍ものぞいてみてください。意外な共通項がたくさんありますよ。

世界基準の高品質なOB・OG訪問、30人分の書籍

本書籍の特徴についても説明させてください。前述の通りインタビューが中心です。著者の私だけでは持ち得ない、多様な金言を集めたかったからです。それはなぜかと言いますと、私が学生の時もそうでしたが、学業や研究、スポーツに真摯に打ち込んだ人ほど就職活動には出遅れます。それによってOB・OG訪問を満足にできないのはいかがなものかと。そんな方々でも、OB・OG訪問の疑似体験ができる

ような本にしたかったのです。本書籍に出てくださっている方々は、世界トップレベルの評価を受けてきた方々ばかり。濃密で高品質なOB・OG訪問、30人分の価値があると思います。それぞれ1時間から1時間半ほどお話を伺った中から、特に大事だと思った話をまとめています。

今回の第一線のクリエイターたちは、私が影響を受けた方や、仕事をご一緒して尊敬している方々です。そして若手クリエイターは、自分の旗を立て、早くから活躍している皆さん。

活動のフィールドは、テクノロジーを理解した上でグローバルに活躍し経営目線で活躍している方、デジタルも武器の一つとしてあらゆるマーケティング領域を自由自在に飛び回り新規事業をつくっている方、ビッグキャンペーンにうまくデジタルを絡めている方、プロダクトや空間をつくっている方、テクニカルディレクションを専門に突き詰めている方…と一つにまとめきれないほど幅広い領域でご活躍されています。かつ、企業の採用にも関わる各企業の代表やトップクリエイターの方々からも、学生さんへ向けた貴重なメッセージをいただきました。

必ずや、誰かの言葉が皆さまの胸に響くはずです。私は心に響きすぎて、何度も泣いてしまいました（笑）。

私は、デジタルクリエイティブに救われた

遅くなりましたが、私の自己紹介もさせてください。大学院まで人工知能（AI）の研究や宇宙関連のプロジェクトに取り組み、2011年に電通に入社。プロモーション局にて4年ほど、戦略PRやイベント、キャンペーンのプランニング・プロデュース業務を経験。その後にクリエイティブへの転局試験合格を経て、クリエイティブ局に。直近5年強は電通のクリエーティブディレクターの佐々木康晴さん（84ページ参照）が立ち上げたデジタル・クリエーティブ・センターにも所属。テクノロジーを活用した新しいアウトプットに注力してきました。現在は、HAPPYな体験クリエイティブを得意領域とし、多様なフィールドで企画制作をしています。そこでは大学時代に学んできたテクノロジーがとても活躍してくれています。

入社してしばらくはバックグラウンドが活かせず、芽も出ず、正直毎日悩んでいました。でも、デジタルクリエイティブの世界に入ってから変わりました。自分らしい旗を立てて仕事ができているので毎日が楽しいです。もちろん、もんもんとしていた時期の経験も、今は武器になっているので貴重な期間でしたが。

また、特殊クリエイティブチームである電通BチームのAI担当として、クライアントワークや執筆活動も行っています。さらには、世界ゆるスポーツ協会の理事／スポーツクリエイターとして、老若男女や障がいの有無に関係なく皆が楽しめるスポーツをゼロから開発しています。このように、活動のアウトプットや所属チームが多様ではありますが、私がしていることは一貫しています。目の前の人や社会の悩みを解決するべく、テクノロジーを武器にしたクリエイティブをしてきました。そんなデジタルクリエイティブは、社会にデジタルが溶け込みどこにでも存在する今、可能性は無限大。ますます面白いフィールドだと感じます。

近年では、次世代のデジタルクリエイティブ人材の育成にも注力しています。トレーナーとして新入社員教育を担当したり、電通のインターンシップ「アイデアとテクノロジーの学校」のコアメンバーとして講師や面接などをしたりしています。いつも新しい才能との出会いやコラボレーションにワクワクします。そんな折に、この書籍の機会を宣伝会議さんからいただけたので、即快諾させていただきました。

さて、次のページからは本書籍で扱うデジタルクリエイティブとは？ について具体的に説明していきましょう。広い領域である分、少し丁寧に説明していきたいと思います。

デジタルクリエイティブとは

さて、デジタルクリエイティブとはどういうことでしょう?

どんな人のこと?

その領域で働く「人」について一言で言うならば、以下の通り。

> 「アイデアとテクノロジーを掛け合わせて、イノベーションを生み出す人」です。新しい体験や表現を創造する人。
> 人々の気持ちを強く揺さぶり、人々の行動をつくりだして、課題を解決する。広告の領域を超え、イノベーションを生み出します。

電通の新卒採用サイトの言葉がわかりやすかったので引用させていただきました。ちなみに、私も新卒サイト2022年度版でデジタルクリエーティブ職の社員として載っていますので、のぞいてみてください。

どんな肩書きがあるの?

以下の2パターンがあります。

a. 肩書きで記載されていなくても、テクノロジーが得意なクリエイティブディレクター、クリエイティブプランナー、コミュニケーションプランナー、アートディレクターとして働く人。

b. もしくは、テクノロジーが専門であることを明記するために、クリエイティブ・テック・ディレクター、クリエイティブ・テクノロジスト、インタラクティブプランナー、デザインエンジニア、テクニカルディレクター、UI/UXデザイナー、プログラマーなどを名乗る人。

私もそうですが、**a**と**b**を併記する人もいますね。得意技がありつつも、守備範囲が広いことを伝えたい人はそうしているように思います。

どんなフィールドなの?

広告というフィールドはもちろんのこと、その周辺にある未踏領域の全てが対象です。アイデア×テクノロジーであらゆる領域の壁を取り払える時代となりました。デジタルクリエイティブをうまく使うことで、「広告」を超えて、プロダクト開発や施設開発、新規事業、経営とあらゆるフィールドで活動しやすくなります。また、国や言語の壁も取り払います。インタラクティブな表現や体験は、非言語的で直感的なアウトプットなので、日本国内だけでなくグローバルに活躍してくれるからです。事実、今回取材した方々の多くは海外でも評価され、海外賞の審査員をし、海外でキャリアを重ねた経験のある方も多いです。

どんなアウトプットをするの?

これは実に多様です。前述の通り、戦うフィールドが無限に増えているためです。例えば私が普段行なっているアウトプットを挙げるだけでも、テクノロジーを活用した新しい体験、アプリケーション開発、デジタルを絡めたキャンペーン、テクノロジーをうまく使った映像作品、新しいツール・プロダクト開発、新規事業(会社の起業も)…と、挙げきれないほどバリエーションが多いです。かつ、今後も永遠に増え続けるはず。まだまだイメージがつかめないと思いますので、私が携わった仕事の一部をご紹介します。

テクノロジーを取り入れた新しい体験づくり

● 新しい施設をつくる

日本オリンピックミュージアムの体験型空間「オリンピックゲームス」

オリンピアンの記録データと対決することができる常設展示です。子どもから大人まで体験でき、かつ古びない体験設計や空間の使い方、映像にするべくトータルでクリエイティブディレクションを担当しました。

● 新しいスポーツをつくる

国立競技場オープニングイベント「ONE RACE」

性別、障がい、国籍を越えて人類が一つになるためのレースを実施しました。さらにロサンゼルス、パリ、東京・国立競技場を通信でつなぎ、空間を超えた競技を実現。レース開発から映像やイベント設計までトータルのプランニングを担当しています。

 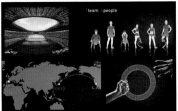 

世界ゆるスポーツ協会「トントンボイス相撲」「ARゆるスポーツ」

老若男女、障がいの有無に関係なく誰もがプレイできる「ゆるスポーツ」を多数開発。例えば、高齢者の喉の機能回復に有効な発声を促すリハビリゆるスポーツ。指ではなく「声」で紙相撲力士を動かす新しいトントン相撲です。最近は、コロナ禍でのリモート環境においても運動できるように開発した「ARゆるスポーツ」などを多数制作し、イベント開催しています。

●新しいエンターテインメントをつくる

NTT R&Dフォーラム2019メインステージ演出「CROSSING」

NTTの最新技術を用いたエンターテインメントとして、昔ながらの影絵遊びや伝統的なダンス、ファッションショーなどをアップデート。
リアルタイム被写体抽出やAI技術などを使いながら、クリエイティブディレクターとして総合的に演出を担当しました。

  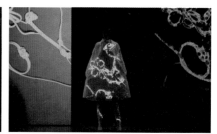

モバイルアプリケーション開発

人気ゲーム『アサシンクリードユニティ』発売プロモーション「AKIBA STEALTH」

秋葉原をゲームのフィールドに変えた施策です。独自開発したスマホアプリを頼りに、秋葉原に溶け込んだガードマン（敵）に捕まらない
よう逃げ回り、ヒントを集めて宝を探すイベントを開催しました。制限時間内に宝を入手しゴールした参加者にXboxとゲームソフトを
プレゼント。イベント設計から近距離無線通信技術のiBeaconを活用したアプリ開発まで総合的にディレクションを担当しました。

デジタルを絡めたキャンペーン

渋谷区の基本構想キャンペーン「YOU MAKE SHIBUYA」/ 住民AI「渋谷 みらい」

世界が憧れる街にすべく、渋谷区のビジョンを区長たちと共に描き世の中へ届ける「YOU MAKE SHIBUYA」キャンペーンを立ち上げ
ました。また、区民の声で成長し、特別住民登録もなされた住民AI「渋谷 みらい」の企画開発から運営まで担当しました。

テクノロジーを取り入れた新しい映像づくり

WEAVER10周年プロジェクト「流星コーリング」ライブ演出、MV制作

ピアノ、ベース、ドラムの3ピースバンド「WEAVER」10周年プロジェクトです。同名の小説とアルバムを同時にリリース。「最後の夜と流星」の生配信では、撮影した映像に言葉の流星や蓄光アートの光が降り注ぐ演出をリアルタイムに重ねることで、ミュージックビデオがその場で生成されるようなライブ演出となりました。

新しいツールの開発

AIコピーライター「AICO」開発

AIに大量のコピーを学習させたAIコピーライターを開発しました。お題を入れると5秒以内で100以上のコピーを生成します。電通社内のコピーライターをはじめ、仲畑貴志さんなどレジェンドコピーライターからの許諾をいただいてコピーを学習。全国で330万改名という反響があったマクドナルド「AI改名提案」キャンペーンや、新聞広告の日に実施したフジサンケイビジネスアイ「AI意見広告」など、企業コラボレーションも多く実現しました。

プロダクト開発

ボディシェアリングロボット「NIN_NIN」

視覚障がい者のアテンドができる肩乗りの忍者ロボットをオリィ研究所と共同で開発しました。カメラを通して自宅からスマホなどでつながり合える仕組みです。身体機能を交換し合える「ボディシェアリング」をテーマに、高齢者とお孫さんなど多様なマッチングをしていきます。

新サービスやプラットフォーム開発

人類をモーションデータでアップデートする「MOTION DATA LAB」

モーションデータで人類を次のステージへというテーマのもと、独自アーカイブするプラットフォーム「MOTION DATA LAB」を開発。消えゆく伝統文化や予防医療、スポーツ領域の発展に貢献していくプロジェクトを立ち上げて推進しています。社会的意義とビジネスの両立を目指しています。

以上、アウトプットの広さを感じていただけたのではないでしょうか。他にも、体験型の屋外広告系では、テレビ番組の周年キャンペーンとして、来場者の動きに合わせてアイドルがインタラクティブに反応してくれる「生きた広告」をつくりました。コンテンツ制作系では、ドラマのスピンオフ作品を脚本から担当し、体験者が視線や顔の動きで選択したアクションにより物語が変化していくVRドラマの制作も行いました。世界中の引きこもりの子どもたちを、家族の愛で救うための体験型VRをつくったことも。視覚障がい者の理解を進めることを目的として、ロービジョンの友人の恋愛をベースにしてつくったVR恋愛ゲームの開発や、障がいを持った子どもたちと一緒に演奏を楽しめる楽器をゼロから発明したり…と色々とつくってきました。とはいえ、まだまだほんの一例です。これから登場いただく皆さんの仕事もぜひチェックしてみてください。

どんな意義があるの？

ここで、アウトプットが多様で柔軟であることの意義、を考えることも大切です。私にとっては、「みんな」ではなく「この人」のため、つまりオーダーメイドなモノづくりができるということだと考えています。今までよりも、具体的に困っている目の前の人や大切な人のためのソリューションを生み出せるとも言えます。私自身、地元の家族や障がいを持つ友人など、ある個人を笑顔にしたいという強い思いからスタートするプロジェクトの熱量が、結果的に社会を動かす力になることを実感してきました。これからもテクノロジー×クリエイティブのその先にある意義は変わってくるはずです。読者の皆さんも、一緒に考えてみてほしいと思います。

どんな魅力・可能性があるの？

「作り方を作る」「考え方を考える」という発想での仕事にチャレンジしやすいです。この発想は、私が尊敬する電通OBのクリエイター佐藤雅彦さんが提唱されているもの。「作り方」が新しければアウトプットは自然と新しくなるという考え方。テクノロジーやデジタルは根本的に新しいメディアを生み出したり、前例のない表現を生み出したりしやすいため、相性が良いのです。人間を深く見つめる力に加えて、このアプローチを加える。そうすれば、今までにない驚きで人の記憶に残る感動をつくることができるでしょう。例えば、新しい絵を描きたいとします。ピカソなどの名画がたくさんある今の時代に、わざわざ絵の具と筆を握りしめて挑む必要はなく（それはそれで

素晴らしいのですが)、プログラミングという現代ならではの筆で勝負してもいいわけです。そうすることでピカソとは根本的に違う魅力を持った作品が生まれる。この後のインタビューで登場いただく真鍋大度さんをはじめ海外でも知られるクリエイター・アーティストが日本からも多数生まれたように。

また、働き方においてもメリットがあります。先人が相対的に少ないので、若くしてリーダーとして活動することができます。もちろん先輩がいることで学べることもたくさんあるので、それはそれで大事ですが、早くからクリエイティブディレクター(CD)の役割で働くと、責任を負うため成長も早いです。私は5年目でクリエイティブに移ってから、テクノロジーに明るい方が社内にまだ少なかったこともあり、CDの立ち位置で仕事をさせていただくことが多くありました。どの案件も自分ごと化して仕事できるのです。そして、その経験があるからこそ、先輩CDの下で仕事をする際はスポンジのように貪欲に吸収することができます。

また、テクノロジーはどんなスキルにもかけ合わせることができます。今の得意な領域にデジタルをかけ合わせることで、あなたのスキルのレア度がグッと上がります。広告業界の中でもテクノロジーへの理解が深いアートディレクター、コピーライターはまだまだ多いとは言えません。だからこそ、デジタルに強い方々の希少性が高く、良い仕事が集まっている印象があります。

気をつけるべき点

良くも悪くも、最新テクノロジー自体が魅力的なことです。だからこそ、人によっては手法論に陥ってしまうこともあるのです。それで本当に目的を達成できるのか? 本質的な課題解決になっているのか? 人の心が動くのだろうか? それらをよく考える必要があるでしょう。テクノロジーから考える良さもあるのですが、それ「だけ」ではダメということです。私は先人たちからコピーライティングや映像、ラジオなど一通り叩き込んでもらった経験が役立っているので、そこに陥らずに済んでいます。会社の教育システムと偉大な先輩方に感謝です。私も、デジタルクリエイティブとしてキャリアをスタートした後輩たちには、コピーライティングをしっかり学ぶことを強く勧めています。

デジタルクリエイティブについて、イメージはつかめましたでしょうか? あとは、第一線で活躍するクリエイターたちがどのような学生時代を経て、どのような仕事を経験し、今に至ったのか。今後大切にしようとしていることは何なのか。それらの言葉とストーリーから、具体的なイメージの解像度を上げていってください。

さぁ、金言の旅へ出かけましょう。

KURI-KATSU 2
KURI-KATSU 2

DC

DIGITAL CREATIVE

第一線の
クリエイターの就活

Job Hunting Histories of Top Creators

18人の第一線で活躍されているクリエイターたちにお会いし、学生時代の話や、今の活躍に至るまでの経緯などを語っていただきました。それぞれ全く違う武器を持つ方々の、全く異なる就職活動の話です。ご自身の目指すクリエイター像と照らし合わせながら参考にしてみてください。

JOB H ... ATORS

-Interv
-Works
-Stude

P12 P55

Rei Inamoto
Hiroki Nakamura
Masashi Kawamura
Ryohei Manabe
Sotaro Yasumochi
Tsubasa Oyagi
Kyoko Yonezawa
Takashi Kawashima
Kana Nakano
Junghyun Kim
Kumi Tominaga
Qanta Shimizu
Takeru Kobayashi
Kampei Baba
Hisato Ogata
Takaaki Morita
Nao Tokui
Daito Manabe

18 TOP CREATORS

DIGITAL CREATIVE

我々が求めているのは、
自分のビジョンを明確に持ったセルフスターター。
日本を変える「10年後のリーダー」を待っている。

I&CO
創業パートナー デザイナー/クリエイティブディレクター
レイ・イナモト Rei Inamoto

ニューヨークを拠点に活躍。「世界の最も影響のある50人」、「世界広告業界最もクリエイティブな25人」に選出される。2007年「インタラクティブ・クリエイティブ・ランキング」で日本人唯一の世界トップ5に。高校はスイスに留学。アメリカのミシガン大学でアートとコンピューターサイエンスを専攻。在学中にタナカノリユキさんに弟子入りして活動を始める。R/GAのエグゼクティブクリエイティブディレクター、AKQAの最高クリエイティブオフィサーを経て、2015年ニューヨークでI&CO設立。2019年I&CO Tokyo開設。

「StyleHint」/ファーストリテイリング

ユニクロ原宿店の店頭インスタレーション

グローバルサイト「Uniqlo.com」のリニューアル/ファーストリテイリング

オープンイノベーションプログラム「TOYOTA NEXT」/トヨタ自動車
革新的なテクノロジーやサービスを持つベンチャー企業や研究機関などと、トヨタが持つアセットを組み合わせることで、未来のモビリティー社会を創造する取り組み。

2030年までの10年にわたる長期ビジョン「VISION2030」/アシックス

母の一言から海外へ。
表現の幅を求め、
美術とコンピューター
サイエンスを同時専攻

――どんな学生時代でしたか？

　東京で生まれて、幼少時に飛騨高山の清見村に引っ越しました。当時の清見村は人口600人ほどの小さな村。東京から来たということで、うちの家族はかなり浮いた存在だったと思います。小学生の頃から母や祖母に「外に出なさい」と強く言われていて、高校進学は東京へという話が出ていたのですが、どうせ出るならたいして費用が変わらないから海外留学でもいいんじゃないという話になって。実は、母は10代の頃フランスに留学していたんです。だから祖母や母にそういう思考があったのでしょうね。僕は双子なのですが、16歳の時に兄弟二人でスイスの国際高校に留学しました。

　スイスの国際高校卒業後、僕はアメリカのミシガン大学に、弟はピッツバーグのカーネギーメロン大学の建築学部に進学しました。僕は美術が好きだったのですが、美術の専門学校や美大に行きたいという気持ちはありませんでした。まだ自分のやりたいことがはっきり決まっていなかったので、他の可能性も探りたいと思っていたからです。それであえて総合大学の美術学部に進学しました。

――そこからどのようにデジタル領域へと進んだのでしょうか？

　当時はちょうどインターネットが生まれ伸びていく直前。Photoshopが登場したばかりでした。自分がコンピューターを扱えるようになりコードを書けるようになれば、表現の幅が広がるのではないかと考えて、美術とコンピューターサイエンスを同時に専攻しました。美術学科の友人たちになぜ工学部にも所属しているのかとさんざん聞かれました。あの頃そういう人は全くいなかったので、浮いた存在だったのだと思います。美術と工学を専攻したために単位も余計に取らな

ければいけなかったので卒業まで5年かかりました。でも、両方学んだことが自分の強みや差別化につながったと思っています。

アートとは違う
「ビジネスの世界における
クリエイティブの世界」
との出会い

――なぜ、広告業界を目指されたのでしょうか？

　誰しも色々な人と出会いますが、中にはインパクトのある出会いもありますよね。僕にもいくつかありますが、その一つがタナカノリユキさんとの出会いです。ユニクロなどのクリエイティブディレクターを歴任された方です。在学中に知人を介してお会いし、インターンとして仕事をさせていただきました。

　ミシガン州はアメリカでも田舎のほうなので、ニューヨーク（NY）のように最先端のギラギラしたクリエイティブに触れる機会や、タナカノリユキさんのように最前線でバリバリ活躍するクリエイターに会う機会はほとんどありません。大学内にも世界に向けて作品を発表しているような人はいませんでした。ですからタナカノリユキさんとお会いして、純粋なアートとは違う、ビジネスの世界におけるクリエイティブがあることに初めて気づいたのです。ですがタナカさんも広告業界につながりはあったものの、そこだけでの活動ではありませんでした。僕も広告業界に入るという意識は全くありませんでした。広告をつくろうという気持ちは正直、昔も今も持っていないのです。

　もう一つ、MITメディアラボの副所長なども務めたグラフィックデザイナーのジョン・マエダさんが発表したプログラミングを使ったデザインとの出会いも衝撃的でした。確か、卒業間近だったと思います。当時は本の付録にデジタル書籍的な感じでフロッピーディスクやCD-ROMがついていました。その中に収録されていた彼の作品を見た時に、

自分もこういうものをつくってみたいと思うようになりました。

――国内外の選択肢がある中で、どのような就職活動をされましたか？

　日本に戻るという選択肢もありましたし、アメリカに残るという選択肢もありました。ただ、漠然と自分は30歳ぐらいになったら日本に戻るのだろうなと思っていました。卒業してすぐに日本に戻って就職すると、再び海外に出たいと思った時にビザなど色々な制約があって難しくなるだろうと思ったのです。

　実は大学5年生の時に、日本に興味のある海外に住む学生向けの就職活動支援サービスがあるのですが、それを受けました。それこそ日本でリクルートスーツを着て就職活動をして、大手コンサルから内定ももらいました。でも、内定者と採用担当者で食事に行った時にあまりにも違和感がありすぎた。同調圧力というか、出る杭は打たれそうな雰囲気を感じました。僕は"出る杭"になりたいと思っていたので、自分はこの会社では浮いてしまうに違いないと思い内定を辞退しました。

　そういうこともあって兄弟でアメリカに残ることにしました。NYで就職するためにトラックを借りてミシガンから弟のいるピッツバーグを回り、二人の荷物を積みこみ、十数時間運転してNYに出ました。

　アメリカは日本のようにバチッと就職活動の期間が決まっているわけではないので、地道に就活を始めました。コネクションが全くない僕は、マンハッタンにあるデザイン会社やデザイン部門のある会社を雑誌などで見つけては、かたっぱしから自分の履歴書をメールで送りつけて返事を待つということをひたすらやり続けていました。

　その時にR/GAに出会いました。今のように知名度は高くありませんでした。テレビCMの特殊効果に力を入れている制作会社でしたが、僕が気になったのは映画のタイトルデザインでした。特に印象に残っているのは、デヴィッド・フィンチャー監督が1995年に手がけた『セブン』のオープニング・クレジット。ブラッド・

ピットとモーガン・フリーマンが出演している映画なのですが、このオープニングのモーション・グラフィックにはしびれました。

映画のタイトルデザインは80年代から90年代にかけてカテゴリーとして確立されようとしていて、それを牽引していたのがR/GAでした。もちろんR/GA創立者で『エイリアン』や『スーパーマン』のタイトルを手がけたボブ・グリーンバーグの名前は知っていましたが、彼に憧れて志望したわけではありません。R/GAや彼がつくった作品に惹かれました。テクノロジーとデザインをかけ合わせたクールな作品をつくっているR/GAに入りたいと思い、ポートフォリオを用意してエントリーしたら採用してくれました。

経営にクリエイティビティを注入する。なぜ「ビジネス発明会社」と標榜するのか

───R/GAから現在に至るまでのキャリアを教えてください。

R/GAには5年ほどいました。20代の時からいつか独立したいと思っていましたし、独立しようと思えばR/GAを退職した時にできないことはなかったと思います。独立しなかったのは、自分はまだ狭い世界しか知らないのでもう一度別のところで自分を鍛えようと考えたからです。

そう考えたのは、R/GAが有名になるにつれ、いい仕事ができたのは素晴らしいスタッフがいるR/GAの環境だからできたのか、それとも自分がちゃんと貢献できたからなのか、わからなくなっていったからです。

そこで、あえてまだ世の中に知られていない会社に入り、どこまでその会社を有名にできるか自分の力を試そうと思いました。そして当時認知度がほとんどなかったAKQAの面接を受けたのです。

AKQAは、デジタル領域に強みを持ったクリエイティブエージェンシーです。その時に印象的だったのは、R/GAは

テクノロジーを活用したモノづくりにフォーカスしていたけれど、AKQAはアイデアからモノをつくり始めるということでした。ここなら今まで自分が足りないと思っていたことを磨けるのではないかと思いAKQAに決めました。

AKQAには少なくとも5年はいようと思っていましたが結局11年もいました。その間、クリエイティビティとは何かや、クリエイターがビジネスの世界で生きていくための術、戦略的に物事を考えるとはどういうことなのか、といったことを見直すことができました。もちろんR/GAの経験も僕の財産ですが、AKQAに行かなかったら今の自分はなかったと思います。

2016年にAKQAから独立してNYのブルックリンでInamoto & Co（現I & CO）を立ち上げました。その時点では、日本を意識していなかったわけではありませんが、日本に戻ろうとは思っていませんでした。かなりカッコつけた言い方をすると、常にグローバルな状況を意識しながら仕事をしていきたいと思っているからです。2019年に日本オフィスを設置したのも、日本に戻るというよりも単純に大きな市場がある日本を舞台にしたというだけのことです。

───クリエイティブやクリエイターの可能性をどのようにお考えですか？

まず、先に言葉の定義の話をします。日本語と少しニュアンスが変わりますが、英語の「Creative」には形容詞と名詞があります。形容詞は「創造的な」という意味ですよね。名詞には「クリエイター」と「作品」という2つの意味があります。僕は広告業界が広告表現や最終的な成果物を「作品」と呼ぶことや、それをつくったクリエイターを「先生」と崇めることに違和感がありました。しかしそれも広告業界に元気がなくなるに従い崩れていきました。

こうした状況は、逆に日本のクリエイターやこれからクリエイターを目指す人にとってチャンスです。なぜなら今後は経営目線のクリエイティビティが非常に重要視されるようになると考えているからです。これまでのような「作品の意味

でのクリエイティブ」はビジネスや経営者にはあまり重要ではありません。経営者に必要なのは課題を解決するための「クリエイティブな考え方」です。

他方で、企業が課題解決のために経営コンサルティング会社に相談すると、だいたい出てくるのは数百ページもある資料です。そこに書いてあるセオリー（理論）は決して間違いではないけれど、「それで、具体的に何をすればいいの？」という状況になりがちです。実践を伴わないビジネスケースになってしまうのです。

次に経営者はデザイン思考を推進しているイノベーションファームに駆け込んで「○○の未来を描いてください」などと依頼する。しかしできあがったコンセプトムービーはカッコいいけれど、どこか現実味がない。時間と予算がなくなった時に広告会社に頼る。そのようなシナリオが実は結構あるのです。ですが、広告はアワードや知名度、ケーススタディにこだわりすぎて、ビジネスの視点が欠けていることが多いため、結局は本質的な課題解決にはつながらない。これがよくあるパターンで、コンサルもイノベーションも広告も混沌としているのが現状です。

では、「クリエイティブな考え方」とは何なのか。それは、コンサルティング会社の強みの経営目線で理論的に物事を考える力と、広告・デザインの強みであるアイデアをわかりやすく伝える力、この両方を備えたクリエイティビティで課題を解決することです。我々がI & COを「ビジネス・インベンション・ファーム（ビジネス発明会社）」と定義しているのはまさにそこ。単純に提案書や広告をつくるのではなく、データ、デザイン、テクノロジーを使いこなし、ビジネス視点でクリエイティビティを発揮する。企業の課題解決の突破口となる新しい事業やサービスをゼロから生み出す。そしてロジックだけで導けないアイデアをデザインで可視化して、実践へ落とし込む。これが我々の仕事だと考えているからです。

世の中を変えていく企業やビジネスというのは、何らかの形でクリエイティビティを兼ね備えています。AppleやGoogleが世の中を変えるような影響力のある企業になったのは、単に経営・ビ

ジネス能力が高かったからではありません。クリエイティビティを備えていたからこそ、あれだけ大きく伸びることができたのだと思います。

日本を活性化するためには
リーダーシップが必要不可欠

—— どんな人にこの業界に入ってきてほしいですか？

僕は学生の時に自分が何をやりたいのかはっきりわかっていませんでした。広告業界があることをはっきり認識していたわけでもないので、そこに入ろうという気もありませんでした。今でさえ広告をやっているとか、広告をやっていましたという認識は正直ありません。

ただ、インターネットが伸びていく激動の時代にデジタルの世界に魅了され、アイデアをデザインや表現に落とし込む

環境にいたので、その訓練をせざるを得なかっただけです。しかし、そのおかげで今があるのです。

デザイナーでもコピーライターでも、モノづくりをしたい人は、ちゃんとそのモノをつくれるということが大前提になります。ただ、採用する立場から言えば、新卒の人たちがゼロから自分だけでモノをつくれるとは思っていません。たとえ数年でもプロ経験のある人のほうが当然うまくつくれます。新卒の人はある程度モノがつくれそうだとわかればそれでいいと思っています。

それよりも僕が注目するのは、自主的に興味のあることに時間を割いて取り組んでいるかどうか、そのことを履歴書や自己紹介サイトに入れているかどうかということです。そういうところで、その人が言われたことだけしかできない人物なのか、自ら進んでできる人物なのかを見ます。つまりセルフスターターの要素があるかどうかを見ています。

日本では就活にもマニュアルがあるよ

うですね。マニュアルには質問に対してどう答えれば採用されやすいか書かれています。しかし、マニュアル通りの面接ではその人が本当はどういう考えの持ち主かわかりません。

我々が見つけたいのは次世代のリーダーになる素地を持った人物です。僕はよく「5年後の自分はどうなっていたいですか？」と質問します。そこでどういうことを言うのか、それを聞けば、きちんと自分の考え方やビジョンを持っている人かどうかわかります。

我々が求めるのは教科書的な回答をする人ではなく、自分は将来リーダーになりたいのだという強い意欲を感じられる人です。そういう人を採用してリーダーとして育てていきたいと思っています。

就活をされている方々に言いたいのは、「10年後のリーダーを目指せ！」ということです。今の日本を見ているとリーダーシップを持っている人が非常に少ない。日本にはリーダーシップが必要です。

> デジタルスキルは、自分のアイデアを
> ビジネスに昇華できるから面白い。

PARTY
取締役/クリエイティブディレクター
中村洋基 Hiroki Nakamura

1979年生まれ。電通に入社後、テクニカルディレクターとして活躍。2011年、クリエイティブラボPARTYを共同創設。国内外の広告賞300以上の受賞歴がある。ヤフーMS統括本部ECD、電通デジタル審員ECDを兼任。予防医療普及協会理事。TOKYO FM「澤本・権八のすぐに終わりますから。」では"WEB野郎"として毎週ゲストパーソナリティーとして出演。

テレビCM「5G バーチャル大合唱」/ソフトバンク

AIを用いて指名手配被疑者の現在の姿を予測するプロジェクト「TEHAI」/警察庁

FUJI ROCK '19 EXPerience by SoftBank 5G/ソフトバンク

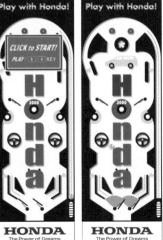

クリック率33％を記録したバナー/本田技研工業

圧倒的な結果を出すことで、電通の業務委託から正社員へ

ファーストキャリアは電通の業務委託です。学生時代からクリエイティブ専門の派遣会社に登録していて、その会社経由で始めました。当時クリエイティブの花形と言えば、プランナー・コピーライター・アートディレクター。デジタル分野のクリエイターは電通には存在しませんでした。「Webデザイナーが広告会社にいる必要あるの？」と思われている時代。お試しの週3日で働き始めます。

当時あったインタラクティブコミュニケーション局に配属されました。ブロードバンド化の直後なのに、超ハイエンドなデジタル広告をつくっている部署でした。その部署の人たちが最高に面白くて。「可能性に溢れたデジタル分野で、面白い広告をつくってやるぞ！」という気概に満ちていて、今でも第一線で活躍するメンバーに広告の面白さを教えてもらいました。やがて電通で正社員として働きたいという気持ちが強くなります。ただ業務委託から正社員になる道はかなり険しく、結果を残すしかありませんでした。もう、がむしゃらに働きましたね。

平均クリック率が0.1%くらいのバナー広告の世界で33%を叩き出したり、数多くの賞をいただいたりしました。「中村は特別だ」と客観的に思える圧倒的な理由が必要だったのです。中途採用試験を受け、無事正社員になりました。

電通で9年働いた後の2011年、PARTYというクリエイティブ集団を設立しました。最近の仕事は、SoftBankと嵐の「5Gバーチャル大合唱」「♯見たことのない新聞広告」など。また、新規事業チームからは、アバターを介してバーチャル空間でライブやイベントを開催・参加できる「VARP（ヴァーブ）」を発表しました。受注制作だけでなく新規事業を気軽にチャレンジできる会社にしたかったのです。

就活で人と横並びにならない「自分専用ルート」を模索する

「戦略を見定めて、死ぬ気で努力すれば結果は出る」と思った原体験は、学生時代。指定校推薦をもらおうとしたけれど素行が悪いと言われて（笑）。指定校推薦に失敗した10月から文系3教科と小論文に集中し、1日16時間くらい勉強したら、受験時には、ほぼ全ての解答が透けて見えるようになりました。しかし、学力的にはギリギリで、早稲田大学文学部に入りました。

芝居をするために早稲田を選んだので、芝居ばかりの日々。ジャンルはシチュエーションコメディです。三谷幸喜さんなどが有名ですね。若者にありがちな「俺まだ本気出してないし」みたいな悠長な態度は、ここでつぶされましたね。商業演劇なので、役者も美術も練習から全て本気で取り組まなければ、舞台本番は絶対成功しません。「いつでも本気で取り組むスタンス」が身についたおかげで、電通で結果を残せたと思っています。

大学3年生で、参加していた劇団が解散しました。劇団時代のつてで、デジタルステージというソフトウェア開発・制作会社でデザイン業務、ラジオ局のBS配信業務を経て、大学卒業後の5月に電通で働き始めています。

就職活動はほとんどしていないですね。応募したのはニッポン放送とサイバーエージェントの2社だけ。普通に落ちました。多分僕は就職活動で人と横並びになったら勝てないのだと思います。「決められた仕事」ができないのです。自分なりの登り方、ルートでないと。電通に入ったのは結果論で、自分ならではの頑張り方をたまたま許してくれる会社と仕事に出会えた運だと思っています。

王道がない自由さと大変さ

広告業界のコピーライターやプランナーなど王道の職種はライバルがたくさんいて大変です。例えばコピーライターは日本語を扱いますが、クライアントも同様に日本語を使えるからたくさん説明を求められます。また、みんなが持ち寄ったコピーが100本あったとしても1本しか選ばれないので、毎回選ばれる売れっ子のコピーライターになるには相当努力しないといけません。一方でデジタルはまだまだ特殊な分野なので、打席に立つ確率が単純に高いです。

「世の中の人をどう振り向かせるか」

というスキルは広告業界にとどまらず、自分でビジネスの創出・拡張する際にも活かせます。自分にとって大きかったのは、個人の価値を売買するプラットフォームの「VALU」。会社は譲渡しましたが、発案からディレクション、経営まで自分で行いました。ハードシングスもありましたが稀有な経験です。またやります。

デジタルクリエイティブ領域は、プロトタイプを自らつくって、スモールスタートで世の中に発信できる人が向いています。バックエンド、フロントエンドのコーディングを自分でできると、プレゼンは通りやすいし、イメージしたものを世の中に出せると思います。学生の時にプログラミングはやりましょう。

あとは、コピーライターやデザイナーと違って、王道がありません。ロールモデルがないとも言えます。道なき険しい道を歩んでいかないといけないので、足腰が強くないと進めません。仕事の仕方を自分でつくる。発想の転換をする。誰よりも先に努力をする。そういう人が大成できるジャンルです。

「ジェネラリストが求められる」のホントの話

デジタルクリエイティブに限らない話ですが、大企業などで「ジェネラリストが求められている」と言われています。これは本質的ではないと思っています。まずは自分の軸を伸ばしてスペシャリストにならないと、社会において必要とされません。そこからさらに別のスキルを身につけて、既存のスキルと掛け合わせていき、社会経験を積み、最終的にジェネラリストになるのです。

僕自身は、映像編集、モーション制作、プログラミング、その他デジタルに関する細かいスキルを持っています。また、数千回ものプレゼン、経営、人事といったスキルを身につけ、誰にもないバリューを発揮できるようになったと感じます。デジタルスキルは、どのスキルともかけ算しやすい。柔軟に組み合わせられます。ぜひ最初にデジタルスキルを身につけて、キャリアを積みスキルをプラスしていき、唯一無二の存在になっていってください。

海外で得られる経験値は圧倒的。
アイデア次第で、
言葉の壁を乗り越えられる。

Whatever
Creative Director/CCO

川村真司 Masashi Kawamura

1979年生まれ。博報堂、180 Amsterdam、BBH New York、W+K New Yorkなど数多くのクリエイティブエージェンシーで活躍。2011年、クリエイティブラボPARTYを4人のメンバーと共同で設立した後、PARTY NYのCEOを就任し全てのグローバルビジネスを担当。2019年にdot by dotと合流し、Whateverを設立。カンヌライオンズをはじめ数々の賞を受賞し、アメリカの雑誌Creativity「世界のクリエイター50人」やFast Company「ビジネス界で最もクリエイティブな100人」、AERA「日本を突破する100人」などに選出されている。

世界初のLEDランニングトラック「unlimited stadium」/ Nike

Google翻訳による多国籍レストラン
「Everyone Speaks Food at Small World
（食べ物は世界の共通語言だ。）」/ Google

未来の日用品店「New Stand Tokyo」

「何でも屋」になるまで

幼少期から10年ほどサンフランシスコで過ごし、高校入学を機に日本に帰国。高校時代は部活のボートに熱中して、インターハイと国体の東京代表にも選ばれました。慶應義塾大学環境情報学部に進学しましたが、入学できたのは部活での活躍と英語のおかげ。それまでは絵画は好きだけど、何かをデザインしたりつくったりする経験はありませんでした。

大学2年の時に、佐藤雅彦先生のゼミに入ったことが、クリエイティブに興味を持ったきっかけです。はじめは佐藤先生が誰かも知りませんでした（笑）。特に面白かったのは課題。普通は学内で完結すると思うのですが、このゼミでは先生が持ってきた実際の仕事を課題としてこなしていました。『ピタゴラスイッチ』などの番組づくりにも学生にもかかわらず携わることができました。その活動がすごく面白く、就職してもモノづくりをしたいと思うようになりました。佐藤先生からは〝考え方〟の考え方も学びました。ゼミの影響は大きかったですね。

新卒で入社した博報堂には3年ほどいて、その後海外のエージェンシーに転職しました。それ以降もだいたい3年スパンで転職をしています。個人的な考えですが、一つの会社の知見を吸収するには3年かかると思っています。1年目はその会社の考え方や周囲にいる方のスキルを吸収する。2年目は学んだことを活かして色々試す。3年目で結果を出し、もっとやりたいことができる場所があれば再び転職も考える。そんなイメージです。

2011年には、広告という枠を超えたコミュニケーションづくりができればと思い、PARTYという会社を設立しました。そして2019年にはPARTYを離れ、新たにWhateverという会社をつくりました。名前の通り「何でも屋」です。「Make whatever. Rules, whatever.（なんでもつくる。方法やルールはなんでもいい）」というコンセプトのもと、世の中を新しい視点で見られるようなアイデアを世界規模で実現しています。

どの企業に入っても、
携わる領域が区切られてしまっている

大学のゼミの影響で幅広くモノづくりができる会社に行きたかった。しかし、どの企業に入ったとしても、携わることができる領域が区切られてしまっている気がしました。最終的に入社するか悩んだのは、任天堂とバンダイと博報堂。広告会社であれば、領域を横断してモノをつくっているからこそ、アイデアと社会のニーズをつなげる術を学べるのではないかと考え、博報堂へ入社を決めました。佐藤先生も電通出身なので受けましたが落ちてしまいました（笑）。博報堂での体験は、期待通りとても勉強になりましたが、本音を言えば、形を問わず社会を変えられるアイデアに挑戦して実現できる企業に就職したかった。でも、そんな理想郷なんてないんですよね。その思いがずっと心の中にあったので、様々な旅路を経て、やっとWhateverを起業できました。

また、僕は転職を何度かしていますが、一貫して大事にしているのは「人」です。こんなに面白い広告をつくった人と一緒に働きたい、このアイデアを出した人から学んでみたい、そんなふうに思える人がいる会社を選んできました。会社のブランドなんて本当にまやかしで、実際は少数の人間がその会社を良くしている。だから魅力的かつ盗みたいスキルを持った人と働くことが大切だし、それが一番自分の成長につながります。

日本語？ 英語？
広く届けるには

海外に興味がある人は、一度は必ず海外に出るべきだと思います。言葉の問題はたしかに大きいですが、幸いクリエイターという仕事は海外に行きやすいと思います。他の職業と違って、デザインやアイデアが良ければ働けますから。自信を持って飛び出してほしいですね。海外で働くことで得られる経験値は圧倒的です。日本の広告会社で扱う案件は、当たり前ですが日本語を使った、日本に向けてのものです。一方、例えば欧米のエージェンシーでは、広く英語圏の全ての人を対象とした広告をつくります。世界に向けた広告と言っても過言ではないでしょう。つまり、常に世界に届く広告をつくるためにはどうするべきかを考えな

ければならないのです。「広告」はそもそも「広く告げる」と書きます。広告をつくる仕事に携わるならば、より広く届けられる土俵で戦ったほうが、本質的なのではないかと考えるようになりました。

オランダにある180（ワンエイティー）という会社で働いていた時は200人ほど社員がいて、56カ国もの人が一つのビルに集まっていました。発想が人それぞれ違って驚きました。クリエイティブ制作のプロセスも多種多様です。でも、それだけ様々な視点から課題を捉えられるし、何より、自分とは価値観が違う人たちに届くアイデアを考える意識が自然と身につきます。人に言われて意識するのとは違うので、その差は如実に表れます。

プリミティブな面白さと
その正体を追求する姿勢

僕たちのやっている仕事は、広告をつくることだとは思っていません。アイデアを形にして、世の中に「面白い」「新しい」視点を提供する活動だと思っています。「面白い」ってどういうことだろう？ と真面目に考えられて、それを実現するためなら永遠に考え続けることもいとわない、という人にこそ向いています。

ただ、自分がクリエイティブに携わることに向いている、と自覚するまでは長い時間がかかるかもしれません。僕も最近になって向いていたのかなと思うようになりました。大学のゼミでは先生に「川村君のつくるデザインには覚悟がない」と言われるくらいでしたからね。でも大丈夫です。プリミティブな面白さと、その正体を追求する姿勢があれば、いつか自分のクリエイティビティが花開きます。

学生の方にアドバイスがあるとしたら、とにかく自分のアイデアをどんどんアウトプットしていってください。学生のうちは様々な方法を試して、失敗もして、その中で自分が面白いと思うもの、続けていけるものを見つけてください。

人生における仕事の割合は大きく、長時間にわたって携わることになります。できれば好きなことを仕事にしていたいものです。熱中できるものを仕事に変えることができれば、結構幸せに生きていけるのではないかなと思います。

縦軸を持ちつつ、
デジタルクリエイティブを学んで横へ広げた。
T字キャリアで戦っていこうと決めた。

電通
統括クリエーティブ・ディレクター
眞鍋亮平 Ryohei Manabe

1974年茨城県水戸市生まれ。一橋大学社会学部卒。1997年電通入社。CMプランナーを経て、2014年からクリエーティブ・ディレクターに。中長期で展開する耐用年数の長いブランドアドや、コンテンツをハブにした参加型の広告キャンペーンに多数携わる。現在は、学校づくりや番組の企画など広告以外の領域へも越境し、幅広く活躍中。2020年から、NewsPicks StudiosのChief Creative Officerも兼務。カンヌライオンズ金賞、アジア太平洋広告祭Innova Lotus（グランプリ）など受賞歴も多数。

ポカリスエットCM「ポカリNEO合唱」／大塚製薬

NewsPicks GINZA／ニューズピックス

Honda×ONE OK ROCKがコラボレーションした謎の広告「#10969GVP」

広告のつくり手には、「普通」の感覚が必要

大学で力を入れて学んでいたのは教育学です。卒業論文のテーマは、「父親の権威喪失」についてでした。将来父親になった時、自分もそうなるという危機意識があったためです。昔から人に舐められがちな性格だった。愛犬からも舐められていたように思います（笑）。だからこそ、教育学の研究に没頭していました。しかし進路については、教師になるか広告業界へ行くかで迷っていました。そんな折に母校の教育実習と電通の最終面接のスケジュールが重なったのです。選択を迫られました。そこで頭によぎったのは、「太く短く生きたい」ということです。心臓の鼓動が人よりも早く、私は早死にするのだ、と思い込んでいたから（笑）。だから一つの業種で一つのことをじっくり究めるより、様々な分野にチャレンジできる広告業界に気持ちが傾きました。

結果、電通の面接へ行き、内定をもらえました。クリエイターだった父親の勧めで、『広告批評』を発刊していたマドラ出版が運営する広告学校へ通いました。私が選んだコースの講師を務めていたのは、電通のスタークリエイターだった白土謙二さんや岡康道さん。「広告クリエイターはアーティストではなれない」と、白土さんにアドバイスをもらいました。普通の消費者の感覚を持っていなければ、良い広告はつくれないということ。その言葉が引き金となり、自分もクリエイターになれるかもしれないと考えました。講義で添削される課題も評価してもらえていたので、自信もつきはじめました。

「眞鍋は補欠合格」この一言があるからこそ今がある

初配属はコピーライター。いずれはCMプランナーになりたいと思っていました。新入社員時代の師匠は石田茂富さんです。「色々な人の下で経験を積んでほしいから」という理由で、憧れだった佐藤雅彦さんのお仕事を手伝えることに。佐藤さんの実験的な思考や、最後の定着にかける徹底したこだわりを1年目に体感でき、大きな収穫でした。ただその頃に「眞鍋は補欠合格だった」とクリエイティブの役員をしていた人から言われたのです。1年で成果を出さないと飛ばされると怯え、ハングリー精神に火がつきましたね。今思うと、新人時代にその言葉を聞いて良かったと感じます。おかげで自分の実力を勘違いせずに済みました。

貪欲に学び続け、縦軸を深めた上で横に横に広げていく

CMプランナーになれたのは、ACCの地域ラジオCM部門ACC奨励賞を受賞できたことがきっかけです。その後大手通信会社を担当する部に移り、CMチームでキャリアを積んでいきました。2個上が篠原さん、2個下に東畑くん（プランニング編にて紹介）。そこでは、CMプランナーとして到底敵わない天才たちを目の当たりにしましたね。だから入社10年目を迎えた2008年、デジタルクリエイティブチームへの社内留学に手を挙げました。映像企画という縦軸はありつつも、新しい技術のキャッチアップを続けて横に広げていく、T字キャリアの戦略で戦っていこうと決めたのです。一つのジャンルを仙人みたいに究める一点突破の道から、方向転換しました。デジタル×マス広告のハイブリッドな人材になってやる！という心意気で積極的に学びましたね。電通のオンライン動画制作の専門チーム「鬼ムービー」にも参画。電通PRの根本くん（プランニング編にて紹介）と一緒に働くことができ、PRの極意を彼から学びました。その後多くのスタートアップ企業を担当することも。アプリのダウンロードを促すテレビCMを多数制作しました。バナー広告に見立てたCMは大きな成果を出しました。ダイレクトマーケティング局の同期からメソッドを学び、その知見が役に立ちました。

また大学で学んでいたことは、今にも活きています。どの領域でもいいから根をはれていると、それを軸に仕事が広がります。例えば、「教育×〇〇」は何でも応用可能です。私は『NewsPicks』の広告制作を担当していたのですが、そのつながりで新規事業「NewSchool」の立ち上げに関わることに。学校全体のコンセプト開発や銀座のスペースの空間設計をお手伝いし、さらに「広告クリエイティブ」講座で先生として教鞭を執るところまで携わるようになりました。

私は一生現場で働きたいと思っています。そのため学ぶことに貪欲であり続けたい。「この人から教わりたい！」と感じたら、一緒にお仕事できるチャンスをうかがい、その技術を学ばせてもらいます。元来自分が持っている、すごい人を見つけて感動しやすい一面が教わる秘訣かもしれません。コンフォートゾーン（居心地のいい場所）にはなるべく長居しすぎないようにもしています。新しい挑戦をして、脳みそをフル回転できる場所にいないと、新しい筋力が身につかないですからね。それが成長スピードを上げる一番の近道であると考えています。

デジタルクリエイティブ職こそ、最新だけではなく本質を追求すべき

デジタルクリエイティブの良さは、自分次第でその領域を広げられるということ。バナー広告や6秒動画みたいな超短距離型の筋力と、数カ月から年単位のスパンで次々と仕掛けを繰り出していく長距離型の筋力、どちらも養えるからです。ポカリスエットでは「ポカリガチダンス」や「ポカリNEO合唱」で5年間、デジタルを使った参加型のキャンペーンを続けてきました。新しいことをキャッチアップしていけば、常に成長できる環境に身を置けます。ただし、単に最新のテクノロジーを使えば良いというわけではありません。コアアイデアが一番大切です。テクノロジーはあくまで手段。「何を伝えたいのか」という、本質を掘り下げることを怠ってはいけません。普遍的なところに触れていることが大切です。

あとは、学生の皆さんにははじめからあまり器用になってほしくないですね。表面的なメソッドで手っ取り早く色々なことをできるようになるより、まずは一つのことにどっしりと根をはり、中長期での伸び代を大きくすることを心がけたほうがいいと思っています。学生のうちにどんなことでもいいから、中途半端ではなく本気でやってみてください。無駄な経験って、ほとんどないですから。

一人の天才がつくるのではなく、
バンドのようにセッションを楽しむ。

電通
クリエーティブ・ディレクター/コピーライター
保持壮太郎 Sotaro Yasumochi

1981年神奈川県生まれ。東京大学工学部システム創成学科卒業後、2004年電通入社。主な仕事にHonda Internavi「Sound of Honda / Ayrton Senna 1989」
「RoadMovies」、大塚製薬ポカリスエット「NEO合唱」、NTTドコモ「FUTURE-EXPERIMENT」、Honda VEZEL「世界ヴェゼル」など。カンヌライオンズグランプリ、
D&AD賞 Black Pencil、文化庁メディア芸術祭大賞ほか受賞多数

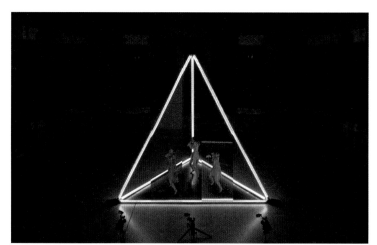

docomo×Perfume「FUTURE-EXPERIMENT VOL.01 距離をなくせ。」/NTTドコモ

Honda Internavi「dots now」/本田技研工業

Honda Internavi「Sound of Honda / Ayrton Senna 1989」
/本田技研工業

目の前で時代が動いている！
そんな仕事に惹かれる

　学生時代は、リスク工学や社会システム設計を扱う研究室に所属していて、卒論のテーマは「地下水による都市の熱環境改善システム」でした。余剰の地下水を使って道路を冷やし都市の気温を下げようとする構想です。どの程度の水温・水量でどの程度温度が下がるのかをモデル化し、実際のアスファルトを使った実験も行いました。それをプログラムで解析しデータを考察します。そういった一連の研究に面白さは感じていましたが、基礎研究って全然世の中に実装されない（笑）。時間を机上の研究に費やすのではなく、早く社会に出て何かを実現したいという気持ちが強くなりました。一方でプログラム言語PHPを独学で身につけ、プログラマーとしての仕事も。ベンチャーでインターンとして働きつつフリーランスの仕事ももらっていました。インターネットバブルで身入りは良かったのですが、大企業の孫請けみたいな仕事が多く歯車感があって続けたいとは思いませんでした。他には、有名テーマパークの建設現場や人気格闘技イベントのリングサイドスタッフの仕事も経験しましたよ。目の前で時代が動いている様に興奮しました。

　就職活動においては今まで学んできた専門性を活かそうとは全く思いませんでした。無頓着というかこだわりがあまりなかった。文系も理系も院卒でないと横一線だったのもあります。外資系コンサルや商社など、節操なく受けていました。電通を受けたのは、OB訪問をしたのがきっかけです。母親の知人に偶然にも電通の営業部長がいたのです。そこで初めて詳しく電通について調べてみると、広告だけでなく万博やオリンピックを誘致したり、ワールドカップの運営にも携わっていることがわかり、時代が動く現場に立ち会えることを魅力に感じました。また、僕はミーハー気質だという自覚があって。一つのことだけに一生を捧げていくイメージが持てませんでした。短いサイクルで新しいことに取り組めそうだという印象を広告業界に持っていたので、それも決め手になりましたね。

時代の潮目が変わった仕事

　入社時点では自分がクリエイティブとして働くなんてことは1ミリも考えておらず、営業志望でした。が、初配属がまさかの人事。理系だから社内の人材データの扱いが得意そうと思われたのかも（笑）。希望とは違いましたが、おかげで会社に詳しくなれました。社内の人に大勢会う中で、クリエイティブの人たちが必ずしも美大出身者や創作活動の経験者だけではないことがわかったのです。ちょうど現場も経験してみたいと思っていた時期でした。当時、コピーライター配属は入社2年目からというルールだったので、対象者を決めるクリエイティブ試験に全力で取り組みました。結果、運良く受かりはしましたがクリエイティブについてはズブの素人。まずは追いつくことからのスタートでしたね。同期の多くは学生時代から広告会社のインターンや宣伝会議の講座などで腕を磨いていたのです。5年くらいは修業期間でした。でも、おかげでストーリーテリングの技術をゼロから実践で学ぶことができました。

　6年目を迎えた頃、Honda Internavi「dots now」の仕事で菅野薫さん、キリーロバ・ナージャさん、大来優さんや米澤香子さん（28ページ参照）と出会いました。会社の隅っこにある会議室からスタートしたチーム。お互い全くの無名、雑草のようなメンバーでしたが、それぞれ違うバックグラウンドを持ちながら、テクノロジーを起点としたクリエイションに取り組みました。デジタルクリエイティブの分野に関わり始める、ターニングポイントになった仕事です。毎週集まって、クライアントからお題が来る前からチームメンバーと情報交換を繰り返し、アイデアを広げていくやり方をしていました。テクノロジーやデータの凄みを、なるべくたとえ話にせず、そのままの状態を発展させることで人をワクワクさせられる方法はないかを意識していました。

　当時はまだ、インターネットはトラディショナルな広告領域に対するカウンターカルチャーのような存在だった印象があります。お互い別の文化、別のシーン、といった感じ。でも、個人的にはメインストリームもサブストリームも区別なく、優れた発想や技術を持つクリエイティブ同士がもっと混ざり合って影響し合うことを目標としていました。風穴を開けたい、という気持ちです。その潮目を変えることができたのが、「Sound of Honda/Ayrton Senna 1989」の仕事です。今まで多くのクリエイターにとってはどこか余所事だったデータやテクノロジーを用いたクリエイティブ。それがこの仕事をきっかけに、他分野のつくり手にも刺激を与えられたと実感しています。トラディショナルもデジタルも関係なく、得意なことを各々が持ち寄って切磋琢磨していけるといいですよね。

デジタルクリエイティブは
自由でフラット

　例えば、我々がD2Cブランドなどの立ち上げといった案件をお手伝いする際には、共感を誘うブランド構築から顧客体験・収益デザイン、サービス設計まで一気通貫でサポートします。デジタル領域に精通していることで、自由な発想で経営に関わることも提案できるわけです。もちろん提案するだけでなく実装にも携わる。そこにデジタルの良さがある。広告という手法に縛られず、健全ですよね。

　またチーム戦でやるという意識をみんなが持っているということもいいことだと思います。トラディショナルな制作現場は、一人の天才のアイデアをその他の人が粛々と実現していくという側面があります。それはそれで悪いことではないのかもしれない。しかしデジタルクリエイティブはチームで常に前例のないことにチャレンジし実現していきます。その都度、新しい仲間を召集して学びながら相談しながら形にしていき、それぞれが専門性を発揮して企画を成功へ導いていきます。ある意味でバンドのようなイメージに近いかもしれませんね。テクノロジーに対しての最低限のリテラシーさえあれば、できないことはもっと詳しい人に任せればいい。相手へのリスペクトを忘れず、セッションを楽しむような感覚で仕事をすればいいのです。そこに優劣なんてありません。フラットで自由で健全なモノづくりが、デジタルクリエイティブの最大の魅力です。

広告は、課題解決
世の中をもっとす
アイデアを形にし

SIX
エグゼクティブクリエイティブディレクター/パートナー
大八木翼 Tsubasa Oyagi

1980年山形県生まれ。慶應義塾大学商学部卒。2002年、博報堂にコピーライターとして入社。日本的トラディショナルなアド経験の後、表現の新天地を求めてWebの世界へ。2013年SIX設立。"広告は、ひととひととをつなぎ、世界を良き方向へと向かわせる最大のメディア・アートである"という考えのもと、広告の領域を拡張する表現に意欲を燃やす。夢は、ボリス・ヴィアンのカクテルピアノのような装置をつくること。カンヌライオンズやD&AD賞、文化庁メディア芸術祭大賞などを受賞。

日興フロッギー/ SMBC日興証券

TOKYO CITY SYMPHONY/森ビル

SPACE BALOON PROJECT/サムスン電子ジャパン

「ここは自分の居場所ではない」と感じ続けた学生時代

山形県で生まれ、高校生まで宮城県名取市の田舎で育ちました。10歳の頃、走ったりジャンプしたりけんかしたりしている、いわゆる普通の小学生たちと全く話が合わないことに気づきます。この頃から「大学生になったら東京に出よう」と心に決め、勉強に励みました。

大学は慶應義塾大学へ進学。大学の入学式の光景は今でも忘れられません。当時はガングロ全盛期。学生たちがキャーキャー騒いでいて…上京前よりさらに話の合わない人たちが集まっていたのです。想像とは異なる世界でした。

報道記者になりたいと思い、勉強と並行しながらテレビ局で朝番のアルバイトを経験。具体的には、通信社から届いた素材をまとめてアーカイブする業務でした。コソボ紛争など複雑な問題を体系づけて特集化するサポートをしていました。意義のある映像制作に携われることを誇りに思っていましたが、ワイドショーでは芸能ネタばかり取り上げられて、せっかくつくったものがあまりオンエアされないのです。「結局こんなものか」と無力感に襲われました。中に入ってみたことで、テレビ局は自分が目指すべき場所ではないと感じて、別の方向性を探り始めました。

博報堂が第一志望、想定問答は何百パターンも

広告クリエイターを目指したのは、イタリアの写真家であるオリビエーロ・トスカーニが手掛けたベネトンの広告に出会ったことがきっかけです。ジャーナリズムの新たな表現の仕方を目の当たりにし、「自分もこれをやればいいんだ」と気づきました。『広告批評』という雑誌を読むと、コピーライターの前田知巳さんやアートディレクターの佐藤可士和さんが理想的な仕事をしている。2人とも博報堂に過去いらっしゃった。就職活動の大本命はおのずと博報堂になりました。

実は他にも、博報堂に入りたいと強く思った出来事があります。元博報堂（現渡辺潤平社）の渡辺潤平さんが、志望動機と自己PRを見てくださったのです。アドバイスをもとに修正してすぐ出し直したところ「こんなにスピーディーに直してまた出してくる学生には初めて会った。とことん付き合うよ！」と…。結果20回ほどやりとりしましたが、毎回丁寧にフィードバックしていただきました。

面接では、テレビ局でのアルバイト経験と大学で勉強していたマーケティングの話を組み合わせて「右脳を使う仕事と左脳を使う仕事、両方ともできる人間です」とプレゼンテーション。事前には、面接官が聞いてきそうな質問を数百個も考え、想定される答えとそこから導き出される自分の強みを整理していました。具体的には、A1サイズの大きな用紙に曼荼羅（まんだら）のように書き出す作業。納得がいくまで準備したので、「本番で何を聞かれても大丈夫！」と自信を持って臨むことができました。

インタラクティブの仕事でも、言葉とブランドの物語を大切にする

博報堂入社後はコピーライターとしてキャリアをスタートします。憧れの存在だった前田知巳さんのそばでコピーライティングを2年ほど学ぶことができました。新たな仕事をもらうために、席をわざと移動してクリエイティブディレクターの大御所・宮崎晋さんの席の前に自分の作品を置いたりもしていました。

そんな中、自分がやりたいのはインタラクティブの仕事だと思うようになります。その理由は二つ。一つはコピーライターやCMプランナーは先輩たちで上がつかえていると感じたこと。もう一つは、メディアの売り上げのうち、デジタルの割合が増えてきていたことです。

競合でチームを任されるようになってからは、マス主体のAチームを打ち負かすぞという意気込みで、Bチームとして出場し、インタラクティブ企画ばかり出すようになりました。サムスンへのプレゼン用の映像作成のためにスペースバルーンを宇宙に飛ばしたこともあります。「出世払いするから！」と営業に頼み込み、費用を出してもらいました。

インタラクティブの仕事をする上でも、言葉は大切な要素だと考えています。なぜなら、提案先のキーパーソンを説得するための納品物は言葉だから。こちらが出したアイデアに合意してもらえない限り、具体的な作品に落とし込むことはできないのです。言葉にこだわるのは、もともと文学が好きなのと、コピーライター出身ということも影響しています。

他のクリエイターと差別化できる自身の強みは、ブランドの観点から歴史をひも解き学び、知識を蓄積した上で制作できること。だからこそ、多くの顧客企業と長いお付き合いができているのではと思っています。森ビルなどがまさにそうです。

広告会社は"美しい問い"を示すことが存在価値に

インタラクティブ領域はインスタレーションなども制作できるところが面白い。自分はもともとアーティストに憧れていたので、"広告は課題解決のためのアートである"というのが僕のクリエイションの源にあるコンセプトです。

もしいま僕が就活をするとしたら、一番表現できる領域としてビジネス／事業開発を選ぶかもしれない。実際にSMBC日興証券の「日興フロッギー」は課題解決のためにはサービス開発そのものが必須であるという結論に達して生まれたプロジェクトです。若者にもっと投資してほしいけれどなかなかハードルが高いという現実がありました。本来お金は生活に必要で、しっかりと向き合わなければならないものなのになぜなのか？それでまず、彼らが投資の世界への第一歩を踏み出しやすいように、「記事から買える投資サービス」というコアアイデアを思いつきました。とはいえ世の中にないものなので、記事制作のチーム自体や、直感的でわかりやすい購入フローのUI/UXなど、総合的に全ての要素をつくりあげて日々運営しています。

この日興フロッギーはほんの一例ですが、世の中の様々なものに疑問を持ち、"美しい問い"を発することが求められています。いま広告会社は、その問いとそれにひもづく"美しい答え"をつくることでこそ、より一層の存在価値が示せるのでは、と考えています。

"好き"や"得意"を活かす方法がわからない。
そんな人に向いている職業がある。

Wieden+Kennedy Tokyo
Creative Tech Director
米澤香子 Kyoko Yonezawa

1985年神奈川県横浜市生まれ。東京大学で航空宇宙工学、東京大学大学院でHuman Computer Interactionを専攻。在学中未踏IT人材発掘・育成事業に採択されCat@Log: Human Cat Interaction Platformを開発。2010年電通入社。テクノロジーの関わる領域において、研究開発業務や、企業のキャンペーンプランニングからサービス企画開発・プロダクトイノベーションまで幅広く行う。2015年より約2年半ベンチャー企業に出向し、CI策定からプロダクトデザインまで一貫してクリエイティブディレクションを手がける。2020年よりWieden+Kennedy Tokyoに所属。猫が好き。

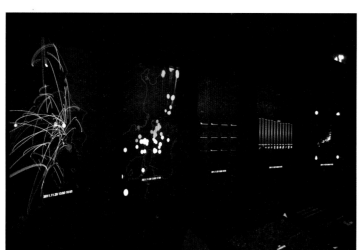

Honda Internavi「dots now」/本田技研工業
インターナビ搭載車のデータを使ったリアルタイムインフォグラフィックス。

月面探査プロジェクト「HAKUTO」/ispace
日本発の民間月面探査チーム「HAKUTO」が開発したローバー。

猫好きが高じて研究に

NASAのエンジニアになりたいという子どもの頃からの夢を実現するために東京大学の航空宇宙工学科に入りました。しかし大学で学ぶうちに自分の性格は宇宙エンジニアには向いていないかもと悩むようになり、もんもんとするうちに航空宇宙の院試に落ちてしまって…。進路を悩んでいる時に友人から、「Human Computer Interaction」という、人とコンピューターの関わり方を研究する情報工学の研究室の冬受験があると聞きました。技術と人の接点があるこの分野のほうが自分に向いているかもと、急遽勉強をしてなんとか入ることができました。

そこで研究テーマを決める時に先生から「米澤さんの好きなものを研究したら？」というアドバイスをもらい、猫用ウェアラブルの研究・開発に取り組むことにしたのです。猫の首輪にGPSやカメラ、加速センサーなどを搭載してデータを収集し、そのデータで行動解析を行いブログやSNSに自動投稿するプラットフォーム「Cat @ Log」を開発しました。その首輪を猫につけると、データを通して猫の行動がわかります。猫目線の動画で猫の見ている世界を知ることができます。そしてTwitterで、「ごはんにゃう」とかつぶやくことができるのです（笑）。研究は、企画も実装も何から何まで自分でやれて楽しくてしかたなかったですね。

自分の研究を面白がってくれた
面接官との出会い

研究が楽しすぎて就職活動のほうはおろそかになっていました。メーカーの技術営業が面白そうと思って営業職に応募。でもダメでした。あとで知ったのは、技術営業は技術職から出るということ。あまり調べずに適当に受けていたのでそんな基本的なことも知らなかったのです。

とりあえず第一志望は技術と社会の接点という共通点があるITコンサルのアクセンチュアでした。内定はもらいましたが、就活をすごく頑張っている高校時代やサークルの友人は、みんな電通を受けていた。それで私も記念受験的に会社説明会やOB・OG訪問もせず受けました。

不思議だったのは、アクセンチュアの面接の時は自分の研究の詳細を言えなかったのです。なぜかちょっと恥ずかしくて。でも、電通の面接では「猫にセンサーをつけて研究していました」とさらっと言えた。しかも面接官の中に「面白いね！」と言ってくれる人がいて。その方がMIT（マサチューセッツ工科大学）のメディアラボとの共同研究を担当していて、面接の翌週はボストン出張だとおっしゃった。そのMITの研究室が私の研究室と親交があったので話がもりあがったのです。それで、電通には私の研究を認めてくれる人がいるのだと感動して、急に電通が第一志望になりました（笑）。結局、人と運とタイミングで就職先を決めたという感じですね。

宇宙や猫の研究が
広告会社での仕事に

入社してから感じたことはチームメンバーによる思いがけない化学反応。ITコンサルならシステムエンジニアと組むところを、広告会社ならアートディレクターやコピーライターなど、全然違う力を持つ仲間と一緒に一つのモノをつくるところに面白さを感じます。最初に担当した双方向通信型ナビゲーションシステムHonda Internaviのビジュアライゼーションの企画では、私が技術視点でビジュアルを考える一方、例えばアートディレクターのメンバーから自分では絶対に発想できないようなビジュアル起点の案が出てきて、今度は私がそれを技術に落とし込む。そうやって「dots now」ができあがりました。あの時の経験は忘れられないですね。

ホンダに限らず広告会社では本当に色々な業界を担当することになります。学生時代にしてきたことが役立っていると思う瞬間はすごく多く、自分に何か一つでも強みがあると仕事の相談がきやすくなる。私の場合は、月面探査ロボット開発を行う「HAKUTO」の仕事や、JAXAの「The Space Hangout」というイベント企画、先ほどのホンダなどがそうです。猫の首輪にGPSをつけて研究していたことが自動車にGPSがついているInternaviの仕事につながったり、航空宇宙で学んでいたことに関連して声をかけてもらったりしたのかなと思っています。

特に新入社員時代は「この子は猫の首輪にセンサーをつけて研究していたんですよ。アハハハ…」みたいな感じで紹介され、覚えてもらうことが多かったです（笑）。

好きや得意を活かし、
新しい領域を創り上げるチャンス

広告業界のデジタルクリエイティブ領域の一番の特徴は多種多様な人がいることですね。広告業界では新しい分野を「デジタル」とひとくくりにしてしまっていますが、ロボットからAI、バイオ、医療まで、これまで広告業界になかった特技を持つ人たちが、それぞれの特技で戦っているような印象があります。実は入社した当時は「デジタルクリエイティブ」という分野はありませんでした。仕事をしていて、面白いなと思う仕事にデジタルクリエイティブという名前がついたという感じです。

自分が向いているか向いていないかというのはけっこう難しいですね。ミクロでいうと自分は向いていると思うけど、マクロ的に業界を見ると「向いている」というより、「うまくやっていけている」くらいかもしれないです。ただ、この業界に自分の話を聞いてくれたりする人や、面白いと言ってくれたりする人がいることがわかったのは"発見"でした。

好きなことや得意なことをどうやって活かせばいいかわからないと思っている人は、広告業界を選択肢の一つとして考えてもらえればいいかな。ぼんやりとでも憧れの職業がある人はちゃんと就活に取り組んだほうがいいと思います。ただ、もし希望通りにいかなくても、私みたいになんとか大人をやっている人もいます。だからそんなに気張らなくても大丈夫だよって伝えたいです。

「Cat@Log」
学生時代に開発した、猫の行動データを行動解析しSNSなどに自動投稿するプラットフォーム。

テクノロジーを使って
表現の幅は、無限に広がっていく。

Studio Kawashima/Dentsu Craft Tokyo
クリエイティブディレクター/デザイナー/アーティスト
カワシマタカシ　Takashi Kawashima

1981年生まれ。慶應義塾大学卒業後、2004年に渡米。文化庁が主催する新進芸術家海外研修員として、カリフォルニア大学ロサンゼルス校（UCLA）メディアアート修士課程修了。アーティストとして作家活動を行う傍ら、アートディレクターとしてAKQAなどの広告会社で活動。日本人として初めてGoogleのクリエイティブラボに参画した後、Studio Kawashimaを設立。

Emoji Scavenger Hunt/Google
Tensorflow.jsの開発デモとして作成したWebサイト。

Google検索 昆虫AR/Google
昆虫の名前の検索結果から直接ARで表示できる。

Ordinary View of the City of Angeles
ロサンゼルスの405号線を405枚撮影し、合成した写真作品。

Takashi's Seasons
インタラクティブ影絵。UCLAでの修士作品として作成し、アルスエレクトロニカにて発表した。

「ここに住みたい」
の一心で渡米する

今では海外生活が長いのですが、生まれも育ちも日本です。2000年から4年間、慶應義塾大学 湘南藤沢キャンパス（SFC）の環境情報学部で学んでいました。当時はブロードバンドが各家庭に普及し始めた、デジタル変革期の渦中。高校まではパソコンを触ったことすらありませんでしたが、デジタルシネマの講義を受講し、自主短編映像をつくることに没頭していましたね。ソニーのVX2000というミニDVカメラを大学から借り、映像を撮影してはパソコンを使ってAfter Effectsで編集作業。これが、自身のクリエイティブ活動の原点です。

入社してからどこに配属されるかわからないという日本の就職事情にもんもんとしていた中、自分の手掛けた映像が海外の映画祭に招待されました。初めて訪れたロサンゼルスでは、全く知らない世界が目の前に現れ、驚くばかり…。英語には自信がなかったにもかかわらず「ここに住んでみたい！」という気持ちが強くなり、渡米を決意。映画で有名なカリフォルニア大学ロサンゼルス校（UCLA）の大学院に進学し、制作活動を続けることにしました。

入学前、キャンパスを見学している中で、違和感を覚えます。なんとフィルムで映像を撮影していたのです。あまりにもトラディショナルなやり方に戸惑いながらキャンパス内を巡っていたところ、映像表現にとどまらずデジタル技術を使って幅広く活動するメディアアート学部がたまたま目に入りました。見学してみると、Macを使ってプログラミングしたり、映像処理ソフトを駆使したりと、SFCに近い環境。「映画学部よりこっちのほうが向いているかもしれない」と思い、方向転換しました。ここでの2年間は、映像にインタラクティビティ（双方向機能）を取り入れた作品をよくつくっていました。

広告クリエイターという道、
アメリカの就活事情

アメリカには、日本のような新卒採用という概念がありません。企業は通年採用しているのが当たり前で、学生は準備ができたら就職活動をするというスタイルです。学期ごとに作品を制作しなければいけない上、ティーチングアシスタントも行っていて、とにかく時間がない状況。結局就職活動をしないまま修士課程を終えます。

その後ほどなくして、修士時代の作品をメディアアートの祭典「アルスエレクトロニカ」で発表する機会に恵まれました。すると、イギリスの広告会社からオファーが入ったのです。その内容は「某携帯電話会社のプロジェクトにアーティストとして参画してほしい」というもの。残念ながらプロジェクト自体が頓挫したために実現はかないませんでしたが、広告会社への就職というキャリアがあることに気づけたことは大きな収穫でした。それ以来、面白そうなアメリカの広告会社を見つけてはチェックをするようになりました。卒業後就職が決まっていなくても、自分が勉強した分野であれば一定期間自由に働けるというビザを手に入れ、数カ月間フリーランスで働く経験も。人気クイズ番組のCGをつくる仕事をしながら、友人と旅行に行くなど、忙しい学生時代になかなかできなかった時間を過ごしました。

そうしているうちに、労働ビザの申し込み期限が迫っていることに気づきます。慌てて以前から調べていた数社の広告会社にポートフォリオを送り、就職活動。「来ませんか」と返信があった Crispin Porter + Bogusky（CP+B）に就職することになりました。入社後は、バーガーキングのWebサイトの制作などを担当。CP+Bは早々にデジタルプロモーションに着手した広告会社です。まだ一般的ではなかった時代から、デジタルに特化した部署が新設されていました。だからこそ、自分が送ったデジタルアートのポートフォリオに興味を持ってくれたのだと思います。

Googleへ転職し気づく
クライアントサイドの面白さ

その後しばらくしてデジタル領域に強いAKQAに転職します。レイ・イナモトさん（14ページ参照）に誘っていただいたのがきっかけです。レイさんから学んだことは、「リーダーとは何か」。間近でその姿を見て吸収させていただきました。

その後、UCLA時代の大親友から「一緒に働かないか」と声を掛けてもらい、Googleクリエイティブラボへ。今までのクライアントワークではなく、自社のことを常に考える仕事です。好きな会社のことを思って働く喜びはひとしおでした。マーケティングチームが窓口の広告会社時代にはなかなかやりとりのできないプロダクトチームやリサーチチームとコミュニケーションを取ることも多く、良い経験ができました。

そして、自分が培った経験を還元する社会的責任をふと感じ、独立。日本のクリエイターとも仕事がしたいし、日本でキャリアを積んだ人からインプットも受けたいと考え、今に至ります。

ブルーオーシャンな領域。
好奇心をいつまでも持ち続ける

デジタルクリエイティブの領域はまだまだブルーオーシャン。デジタル技術のおかげで、これまでできなかった表現がどんどんできるようになってきています。つまり、アーティストやデザイナーの表現の幅は無限大…！間違いなくやりがいのある仕事です。また、決められた王道がないことも、このジャンルの魅力だと思っています。

一緒に働きたいのは、常に謙虚で、自分の才能を過信しない人。一言で表すと“ナイスな人”です。そういう人は周りから助けてもらえるし、自然とチャンスが巡ってきてスキルが磨かれます。今活躍している有名クリエイターたちも、生まれながらの天才なんていないはず。才能の有無を心配する必要はないですよ。

謙虚さを持ち続けること以外に、もう一つ大切なのは、ピュアな好奇心を持ち続けることです。社会経験を積めば積むほど、未知の分野への興味が薄れがち。自分自身、10〜20代の若者から情報収集することを常に心掛けています。そこで得た知識と、元々自分が持つ知識が化学反応を起こし、イノベーティブな表現が生まれることも多々あるのです。

電通
クリエーティブ・テクノロジスト
なかのかな Kana Nakano

1980年生まれ。早稲田大学政治経済学部卒。2005年、サイバーエージェント入社。インターネット広告やWebサイトの企画・制作に携わる。2009年1月電通入社、CDC配属。ARなどテクノロジーを活用したデジタル系企画を行う。同年4月からモバイルコミュニケーション開発部でスマートフォンを用いたコミュニケーションのリサーチと企画を行う。2011年、次世代コミュニケーション開発部でテクノロジーから未来のコミュニケーション体験をつくるneurowearプロジェクトを始動。2016年からFutureBusinessTechTeamに所属。

脳波で動く猫耳型コミュニケーションツール「necomimi」

ARや位置情報を取り入れたiPhone向け電子クーポンアプリ「iButterfly」

初心者のための瞑想サポートデバイス「onigilin」

実は文系人間。
元々はコピーライター志望でした

大学は政治経済学部で、実は完全な文系人間。友人は少ないほうで、時間があれば図書館で本を読んでいましたね。教養科目のラインアップが充実しており、自然人類学者の長谷川眞理子先生や歌人の佐佐木幸綱先生の授業を選択。興味のあるジャンルをとことん深掘りしていました。ある日、キャンパスで電通のインターンシップ募集ポスターが貼ってあることに気づき、詳細を見てみるとお題が3つほど提示されています。お題を出されると燃えるタイプなので、チャレンジしたところ合格。広告コミュニケーションの基本を教わり、コピーを100本考えるという課題を提出していくうちに、コピーライティングに興味を持つようになりました。

その後、就職活動は思うようにいかず…。とにかく面接官とのトークが苦手で(笑)。電通ほか、受けた会社はほぼ全滅したのですが、唯一内定をもらえたのがサイバーエージェント。インターネットの仕事をしたい人や将来的に起業を希望する人が多かった中、広告の仕事がしたいというモチベーションで受けていた学生がめずらしく、差別化できたのかもしれません。社会人になるチャンスを与えてくれたサイバーエージェントには本当に感謝しています。その後、内定者アルバイトを経験。ブログサービスのボタンに表示する文言など、テキストが関わるユーザーインターフェイス周りを手伝っていました。

入社後、配属されたのはインターネット広告部門、クリエイティブの部署。同期が1人もいない環境でびっくりしましたが、スケジュール管理やクライアントとのやりとりなどの基本は業務を進めながら先輩方に教えていただきました。小規模のキャンペーンページやバナーを制作していましたが、進行から構成、細かなライティングまでデザインやコーディング以外の作業はほぼ1人で担当。正直不得意な分野もあり、今思うと周囲の方には相当なご迷惑をかけていたと思いますが、やらざるを得ない環境に身を置いたことで、"つくりきる"というスキルが磨かれたように思います。また、仕事の合間をぬって宣伝会議のインタラクティブ講座やコピーライター養成講座を受講していました。

電通に転職。
思いがけないキャリアになるも…

その後3年半ほどでサイバーエージェントを退社します。Web単体のキャンペーンだけでなく、もう少し広いコミュニケーション領域に携わりたいという思いが芽生えたからです。デジタルがわかるコピーライターを募集していた電通の中途採用に応募。2009年に晴れて入社することになりました。しかし、コピーライターとしてセカンドキャリアをスタートしたわけではなく…。3カ月間基礎教養を学んだ後は、モバイルコミュニケーションの仕事がメインでした。当時はiPhone3Gが日本に上陸して間もないタイミング。「スマホでできることのアイデア」の部内公募があり、数十案を出した中で採用されたのが、ARと位置情報を活用したクーポンエンターテインメントアプリ「iButterfly」でした。2010年1月にローンチしましたが、つくったタイミングが早すぎましたね。後にAR位置情報ゲームアプリがはやった時には色々と悔やみました(笑)。

次の仕事は、脳波センサー製品をつくる会社ニューロスカイと一緒に開発した「necomimi」。プロトタイプを2010年10月からつくり始め、2011年の春先に完成。2012年には製品版が登場しました。ありがたいことに反響は上々。お客さまから「しっぽも欲しい」という声が多く寄せられ、「shippo」の開発も進めました。

これ以降、クライアントワークと並行して、neurowearプロジェクトで"すこし先の未来"を試作していきます。第1フェーズはnecomimiやshippoを含む「脳波シリーズ」。2014年からの第2フェーズは機械的になりがちなIoTにかわいさをプラスした「IoTシリーズ」。2017年からの第3フェーズでは"こころの時代"が来ることを予想して「セルフケアシリーズ」を手掛けています。

テーマ選定は"はずれないけど
かぶらない"を大切に

自分が開発するデバイスには、どこかに必ずかわいらしい要素を盛り込むようにしています。幼児やキャラに通じるような、完璧ではないのになぜだか気になってしまうようなもの。"かわいい"はものすごく強い。自分だけでなく他人をも動かせる力があると考えています。

また、テーマを選定する時には"はずれないけどかぶらない"こと、つまりトレンドを追いながらも自分なりの視点でアウトプットすることを肝に銘じています。文系出身でテクノロジーの基礎的な教育を受けているわけではないからこそ、見つけられるものがあるはずです。そして"当て感"も大切。世の中の大きな流れははずさないようにしなければなりません。初心者のための瞑想サポートデバイス「onigilin」を開発した時も、心身のケアがこれからトレンドになると考えていました。このマスを意識した視点は、スタートアップ企業ではなく電通にいるからこそ養うことができたものです。

理系や男性のイメージが強い領域。
でも実は色々な出自の人がいる

デジタルクリエイティブに入ってきてほしい人は、まずは女性。ジェンダーバランスはまだまだかなと感じています。それから、テクノロジーに限らず、新しいことや面白いことを知っている人。

理系や男性のイメージが強いデジタルクリエイティブ領域ですが、実際は色々な出自の人が混ざり合っています。私自身、モノづくりが好きな両親の影響もあり、デジタル(オンブラウザ)というよりテクノロジー全般が好き。幼い頃に連れて行ってもらったつくば万博で、コマを回しているロボットに魅了されて以来、その気持ちはずっと続いています。プロトタイプをつくる時もコードを書けない代わりに、100円ショップの素材などでまずはつくってみているんですよ。デジタルクリエイティブには、幅広い人を受け入れる土壌があります。様々な興味関心や得意領域を持つ人が集まることで、未来の種が生まれると確信しています。

論文で築き上げた知恵が、
人の役に立った時の興奮は鳥肌も

博報堂
イノベーションディレクター/テクノロジスト
金じょんひょん Junghyun Kim

1984年韓国生まれ。国費留学で来日。電気通信大学卒、東京大学大学院情報理工学系研究科博士課程単位取得退学。2013年に博報堂へ入社。勉強が楽しくなる机というコンセプトの「Write More（ライト・モア）」の開発に従事するなど、従来の広告とは一味違ったテクノロジーを活かしたモノづくりに貢献。文部科学省科学技術・学術政策研究所の専門調査員も兼任。経済産業省主催のアプリコンテストやCODE AWARDの審査員も務める。

書くを楽しむボード「Write More」

ウェアラブル英会話教師「ELI」

日本科学未来館で展示された、博士課程時の「筆記音
の強調フィードバックの効果」の研究成果「EchoSheet」

修士課程時に、メディアアートの祭典アルスエレ
クトロニカで展示された作品「ログログ2008」

修士課程時に、国立新美術館で展示された作品
「Streaming Bench」

もっと研究したいと博士課程へ

高校までは韓国にいて、大学生になる時に日本に来ました。とにかく勉強を頑張りました。学部時代の電気通信大学にいた頃は、メディアアートなどを学べる児玉先生の研究室に所属していました。その後、作品を制作しつつ研究したいと思い、修士課程では東京大学の苗村先生の研究室に入ります。建築物の強度検査などに使用されるひずみセンサーを用いて、作品制作へ応用しました。丸太のひずみをセンシングし、丸太に立っている人の位置を測定、位置に合わせてリアルタイムにCGでプロジェクションする作品を制作し、メディアアートの祭典「アルスエレクトロニカ」に出展しました。電子回路のようなハードウェアからプログラミングなどのソフトウェアまで全部自ら開発・実装しました。大変でしたがその分達成感もありました。ベンチのひずみをセンシングし、プロジェクションした作品が国立新美術館に展示されたこともあります。このように修士課程ではひたすら制作していました。

もっと研究したい。価値ある論文を残したい。そう思い、博士課程に進学し、「筆記音の強調フィードバックの効果」の研究をしました。心理学と工学の合間の領域で研究する人が少なかったので、やりがいがありましたね。

「仕事がずっと飽きない」の言葉がいまだに忘れられない

大学に残り、研究を続ける選択肢も当然ありました。ただ、それ以外の選択肢も用意したいと思い、就職する道を探し始めました。大学院の先輩が博報堂に入社していたので、話を聞くことに。さらに、他の社員を紹介してもらったら、運よく役員に会うことになりました。その方の言葉が衝撃的でした。「仕事がずっと飽きない」と。その言葉がいまだに忘れられません。歳を重ねていても、立場が上がっていても、そう思えることにとても魅力を感じたので、博報堂を受けることにしました。

広告業界のデジタルに力を入れる機運が高まっていることを感じたので、「私はデジタル分野が得意です。あなたたちが求めている人材がここにいますよ」とアピールすることを意識。その思惑が当たったのか、入社することができました。

現在は博報堂のブランドイノベーションデザイン局でイノベーションディレクター／テクノロジストとして働いています。案件に対して、テクノロジーを用いたアウトプットをすることでチームに貢献しています。その他、自社のプロダクトやサービスも開発しています。入社後の初配属は、研究開発部門でした。その頃から、研究員・テクノロジストとして、クロスモーダル（視覚や聴覚など五感の相互作用によって起こる錯覚効果）を活用した研究を行いつつ、そのナレッジを活かしたプロダクト開発、サービス開発を行っています。

研究所ではなく広告会社で働く面白さ

研究所では素晴らしい研究が数多く行われています。その中で、私が興味を持つ部分は、素晴らしい研究たちを、論文以外の形で、もっと直接的に人々の生活に結びつくようにすることです。それが広告会社だと、ビジネスプロデューサーやデザイナーの手を借りることで日常生活に落とし込まれます。そしてそれが人の悩みを解決したり、人の役に立ったりします。それが本当に楽しいし、嬉しいです。私が関わった「Write More」という商品はまさにそう。紙面にペンや鉛筆で文字や絵を書いたりする際に生じる筆記音を大きく強調して聞かせる仕組みを持つ、子どもたちに書くことをもっと楽しんでもらうための机です。試作品は自分一人でつくっていたのですが、商品化できる状態からはほど遠い姿でした。でもその試作品を見たビジネスプロデューサーが、構想を企画書にまとめていってくれました。アートディレクターも参加し、コンセプトが定着、WともMともとれる筆記体のロゴも開発。プロダクトデザイナーの小野さん（アートディレクション編にて紹介）も加わり、外側の

デザイン、内部の構造が決定。どんどんプロジェクトが具現化していきました。このようにして商品開発が本格的にスタートしたのです。

実はこれ、私が博士課程で研究した成果が活かされています。先ほどお伝えした「筆記音の強調フィードバックの効果」の研究において、筆記音が大きいほうが学習効率や継続意欲が高まる、という結果が得られました。その研究をもとに、「Write More」が開発されたのです。自分が行ってきた研究が初めて人の生活の役に立った。今まで論文で蓄積された知恵が、人々の生活に根付く瞬間を見てしまうと、もうやみつきです。鳥肌が止まりません。

もう一つ楽しさを挙げるとしたら、刺激的な環境に身を置くことでの「成長」です。広告会社が脈々と受け継いできた具現化する力。アウトプットに意味づけするデザイン志向。このようなクリエイティブの視点が入社当初はなかったけれど、「Write More」での周囲のクリエイターの仕事ぶりを垣間見て、身につきました。

ひずみセンサーが広告業界で活かせるなんて思いもしなかった

自分のスキルは、直接的に広告業界で役に立たないかもしれない。そんな懸念は杞憂（きゆう）に終わります。私自身、ひずみセンサーが広告業界で活かせるなんて思ってもいませんでした。建物の検査に使用する技術ですから。でもそれを生活に落とし込む力が広告業界にはあります。何でも活かせる業界です。

スキルがなくても実現させたいことがあれば大丈夫、とも伝えたいです。例えば、美大出身の方で、つくりたいモノを具現化する時に筆ではなくコードが必要だったとする。つくりたい一心でコーディングスキルを得ようとする。そのように後からでもスキルを身につけてきた人が活躍しています。実現したい熱い思いがある人、熱量の高い人は、広告会社に入ると楽しいはずです。自分の頭の中の妄想を具現化するプロがたくさん周りにいますから。

将来像は一直線に不変ではなく、
ジグザグと変わり続けるもの。

R/GA Tokyo
クリエイティブ・テクノロジー・ディレクター
富永久美 Kumi Tominaga

東京都出身。高校卒業後、NYファッション工科大学でファッションイラストレーションを専攻。卒業後、グラフィックデザイナーとして入社したCNNに在籍中、独学でプログラミングを習得。JWT New Yorkにプログラマーとして転職する。2004年R/GA NYに移籍。ナイキ、マスターカード、ノキア、ベライゾンなど様々なクライアントのWebサイトやモバイルアプリを多数開発。受賞歴多数。2017年3月からR/GA Tokyoへ転籍し帰国。※取材した時点の肩書きです。

BEYOND TIME at Shiseido GIC (Global Innovation Center)／資生堂

Nike+ FuelBand／Nike

CNNがファーストキャリア、好機をつかんでステップアップ

子どもの頃から絵が好きで、ファッション誌に絵を描く仕事をしたいと思っていました。高校生の時にラフォーレ原宿のギャラリーで偶然、ファッションイラストレーターのアントニオ・ロペス回顧展を見て感銘を受け、その人が卒業したファッション工科大学(FIT)への留学を決心。そして進学して4年間ファッションイラストレーションを学びました。

卒業後もニューヨーク(NY)に残るには、ビザを発行してくれる会社を探さなければいけませんでした。仕事を探し始めてわかったのは、ファッションイラストレーターの仕事はほとんどなく、たとえ見つかったとしても給料が低くてとてもやっていけないということでした。

どうしたものかと考えた時に、コンピューターを使ったグラフィックデザインでもやらなければ仕事は見つからないなと思ったのです。学生時代の私は手描きにこだわり、コンピューターやテクノロジーとは全く無縁でした。そこで卒業後、FITの夏季集中コースでIllustratorなどのデジタルツールで雑誌やカタログのレイアウトの方法や画像編集の方法を学び、DTPの仕事を見つけて1年ほど働いていました。その間もFITのキャリアセンターには足を運び、ある時CNNの募集を見つけました。まだキャリアがほとんどない私は自分のアーティスト性が伝わるようなポートフォリオをつくってCNNに乗り込み、仕事を得ることができました。

CNNでは最初はグラフィックデザイナーとして働いていましたが、そのうち並行してWebの仕事もするようになりました。その時にプログラミングができるようになればもっと仕事の幅が広がるなと思い、当時全盛期だったFlashを学ぶことにしたのです。それがきっかけで私の中のギークな部分が開花。そこから一直線でエンジニアの方向に進みました。

その後、広告会社JWT New Yorkのデジタル部門が立ち上がるタイミングでプログラマーとして転職しました。結局、広告業界を目指したというよりも、たま

たまはやっていたFlashの最先端の波に乗ったら行き着いたという感じです。JWTには4年ほど在籍し本格的にプログラミングのスキルを上げていきました。

2004年にR/GA NYがWebサイト専門のプログラマーを募集していることを知りました。R/GAは当時NIKEのWebサイト関連を広範囲に手掛けていたのですが、私自身はR/GAを知りませんでした。ただ、周りの人たちは知っていて、R/GAはすごいところだよと推してくれたので受けることにしました。レイ・イナモトさん(14ページ参照)が面接官で、彼に面接をしてもらって受かりました。そこから現在までR/GAのキャリアが続いています。

若い時はこのように、オポチュニティ(好機)をつかんでどんどん転職し、仕事をしながらスキルアップしていきました。NYは競争社会ですから、それくらい図々しくないとやっていけないのです。

栄枯盛衰が激しいテクノロジー常に学び続けられる環境に身を置く

学ぶことには終わりがありません。R/GAには成長を促してくれる環境があるので、私は今でも毎日色々な新しいことを学んでいます。自分がやりたいと思えば、専門外のプロジェクトにも配置して挑戦させてくれます。

私はR/GAに入社してNIKEのWebサイトを多くつくってきましたが、ある時自分の強みだと思っていたFlashが衰退しiOSに移行するという経験をします。その時に、常日頃からアンテナを張り巡らせて最先端のテクノロジーを学んでいかないといけないということを痛感したのです。R/GAは学びたいというマインドセットを持った人に最適な環境を与えてくれます。Nike+ FuelBandの開発でiOSを学び、キオスクの端末でセンサー・インスタレーションを学びました。その過程で「クリエイティブテクノロジスト」というハイブリッドが全然いなかったので、周りの人たちからユニコーンみたいな存在だと言われるようになりました。

若い人は一つのところで満足せずにどんどん転職活動をするべきです。実

際に転職しなくてもいいので、市場の状況を把握して自分にどんなオポチュニティがあるのか常にアンテナを張っておくことが大事です。9年ごとにディスラプション(破壊による変革)がくるとR/GAは言っていましたが、そのスパンはだんだん速くなっています。ディスラプトされる前に自分でディスラプトしようと思い、AI、機械学習、ノーコードなど、近い将来需要が高まる分野を見据えて、それをどう自分の仕事に取り入れられるかを常に考えています。

あとは後輩や子どもたちなど、自分よりも若い世代のことも考えるようにしています。彼らの未来を見据えて自分たちのあるべき姿を考える。その考えたことを行動につなげることが大事だと思っています。特にデジタル領域は女性のロールモデルが少ない。私が後進の指標になるべく、行動をしています。

「失敗してください」荒波をたくましく泳ぐために

将来のマップや目標を決めて、そこに一直線で向かっていくというやり方はもう古いと思います。目標や方向性は常に変わるものだと思い、とりあえず方向を決めて出てみる。その方向性をアジャイルに軌道修正することを繰り返す。この動き方はまさに私のキャリアそのものです。いま私は高校生の時のイラストレーターになりたいという夢とは全然違うところにいますが、それでよかったと思っています。もしかしたらこの先その夢に戻ることがあるかもしれません。

一つの目標をガチガチに決めるのではなく、方向性は変わってもいいので、新しいことをスポンジのように吸収しながら前に進んでいく。失敗もしてください。失敗をして悔しい思いや恥ずかしい思いをいっぱいすることは、若い時にできるとても大事なことです。

どれだけ失敗しても恐れずに挑戦する気持ちを持って前に進んでいくと、自分がどんどん強くなっていきます。競争社会の荒波をたくましく泳ぐことができる図太さが身につきます。そんなふうに若い人たちには強くなってもらいたいと思っています。

中途半端×中途半端×中途半端が、
唯一無二のキャリアになりました。

BASSDRUM
代表/テクニカルディレクター
清水幹太 Qanta Shimizu

1976年東京都生まれ。東京大学法学部中退。バーテンダー、トロンボーン吹き、DTPオペレーター、デザイナーなどを経て、2005年トリイメージソース/ノングリッドに参加し、本格的にインタラクティブ制作に転身。クリエイティブディレクター/テクニカルディレクターとして様々なフィールドのコンテンツ企画・制作に携わる。2011年PARTY、2013年PARTY NYを設立。2018年テクニカルディレクター・コレクティブ「BASSDRUM」設立。

ポスターアートに特化したアメリカ初の博物館「Poster House」内の
常設インタラクティブインスタレーション「Poster Wall」

ポスターアートに特化したアメリカ初の博物館「Poster House」内の
常設インタラクティブインスタレーション「Poster Machine」

Webの知識を
身につけるつもりが、
グラフィックデザイン会社だった

──どのような学生時代でしたか?

　私は東京大学の法学部に在籍していたのですが、実は入学してすぐに「あ!間違えた!」と感じてしまいました。それまでの自分には東大に入ることがモチベーションになっていたことに気がついて、いざ入ってみると、目の前の授業にあまり熱意を持てなくなっていたのです。そこで私、大学以外の場所から新たに興味を持てることを見つけようと、様々なアルバイトを経験します。中でも一番長く続けていたのは、夜に行っていたバーテンダーの仕事でしたね。

　大学4年生の時には、バーテンダーとは別に昼間にもできるアルバイトを掛け持ちすることにしました。父親の影響でパソコンに触れていたこともあり、HTMLのコーディングができるアルバイトに申し込んでみることに。それで採用されたのが、当時まだ10人ぐらいだった堀江貴文さんが代表を務める会社、オン・ザ・エッジ(現ライブドア)だったのです。日々、堀江さんに怒られながらも、プログラマーのアシスタントとしてWebサイトの改修などを行っていました。その中で、「これからはインターネットが来る!」と、新しい時代の息吹を感じることができました。

──インターネットが隆盛するその渦
中にいらっしゃったのですね。

　バイトを続ける中で、私はプログラマーではなく、Webデザイナーという職業があることを知ります。そして、自分もクリエイティブな領域にチャレンジしてみたいと思いはじめるように。そこで家の近所にあったデザイン事務所に直談判して働かせてもらうことになりました。ところが、蓋を開けてみたらそこはWebデザインではなく、雑誌のデザイン事務所。私はまた「あ!間違えた!」と思ってしまいましたね(笑)。とはいえ、デザインに関して何の知識もなかった

私は、まずは何でもやってみようと写真の切り抜きや版下づくりなどを行いながら、デザインに関する様々な知識やソフトウェアの使い方を学んでいきました。希望していたWebのデザインではありませんでしたが、その事務所でグラフィックデザインの基礎を叩き込まれたことが、今のキャリアの土台になっていると感じています。

　それから1年間ほどアルバイトを続け、ある程度スキルを身につけられた私は、デザイン事務所を辞めて、フリーランスのデザイナーとして活動します。私個人に対して出版社や編集プロダクションから仕事が来ることもあったし、身近な知り合いからデザイン依頼を受けることもあったので、「町のデザイン屋さん」みたいなものです。今思えば、フリーランスとして活動した日々は、その後の自分のキャリアを大きく左右するほど貴重な経験を得られた期間のように思います。もし会社に所属して働いていたら、先輩や上司からアドバイスを受けたり、失敗したとしてもフォローしてもらえたりしたかもしれません。ですが、フリーランスの場合はどのような失敗であったとしても、その全ての責任を自分で負わなければいけません。常にプレッシャーに押し潰されそうになりながら一生懸命デザインして、それでも失敗して周囲に迷惑をかけ、悔しさをかみ締めながら尻拭いをする。そんな経験を繰り返したことで、会社で働く以上のスキルやメンタルを磨くことができたように思います。

　どうにかフリーランスとして食べられるようになっていた27歳の頃、私はマガジンハウスの『Tarzan』編集部に常駐し、レイアウト・DTPオペレーターとして仕事をしていました。

進行管理のはずが、
自らプログラミングを
書いてしまう

──どのようにしてまたWebの世界
に戻ってきたのでしょうか?

　その後しばらくフリーランスとして

活動を続けていたのですが、28歳になった頃に、デジタル領域の仕事に再び挑みたいという思いがよみがえり、Webデザイナーになる道を再び探しはじめました。しかし、当時は年齢に対して実績が伴っていない状態。デジタル系の制作会社で働きたいと思っても、デザイナーとして採用してもらうことはできませんでした。そこで私は、制作会社であるノングリッド(後にイメージソースと合併)に、契約社員のプロジェクトマネージャーとして入社することに。プロジェクトマネージャーという職業は、デザイナーやプログラマーのスケジュールを管理し、時には適切な進行に向けて指示を出すのが仕事です。ですが、入社時点で私の年齢は、すでに29歳。共に仕事をしているデザイナーやプログラマーの先輩社員たちは、ほぼ全員が年下でした。そうした状況で、彼らに「期限に間に合うように進めてください」とうまく指示を出すことができませんでした。進行管理が自分の必須業務と理解していながらも、周囲への気まずい思いを拭いきれなかったのです。そこで私は、とうとう自分でプログラムを書き始めてしまいました。プロジェクトマネージャーとしては失格ですが、経緯はどうであれ自分で技術面のハンドリングをしながらクライアントの要望に応え、スケジュールを管理していくという経験を積めるようになり、仕事がどんどんハイブリッド化されていきました。

──そこからどのようにしてテクニカ
ルディレクターへなっていったのでしょ
うか?

　当時、デザインにも詳しい「ハイブリッドなプログラマー」が求められていました。しかし、それに該当する人はほとんどいない状況。一方で私はフリーのデザイナー経験があったことで、デザインスキルとプログラミングスキルをかけ合わせることができました。「デザインのわかるプログラマー」、つまりクリエイティブディレクター(CD)と連携して対等に話ができる「テクニカルディレクター(TD)」の原型です。こうしてハイブリッド人材として、徐々にキャリアを歩み、

2006年頃からTDを肩書きにして仕事に取り組むようになります。

デザインはもちろん、プログラミング、マネジメントと、全てのスキルが中途半端なままでしたが、それが結果的に「中途半端×中途半端×中途半端＝唯一無二」という、他の人にはまねすることのできない、独自のキャリアにつながりました。唯一無二の人材として周囲からも認知されてからは、面白そうな案件が来ると、プロジェクトメンバーとして必ず呼ばれるようになりました。それ以降、中村洋基さん（18ページ参照）など、後にクリエイティブラボPARTYを一緒に立ち上げるCDの方々と共に仕事ができるようになっていきました。その流れで2011年のPARTY立ち上げ時には、TDとして活動しながらも、クリエイティブディレクションの領域にも挑戦できるチャンスと考え、ファウンダーとして参画しました。その後、2013年にはアメリカに渡り、新たな活動拠点としてPARTY NYを設立。さらに2018年にはテクニカルディレクター・コレクティブBASSDRUMを立ち上げます。

ベースやドラムにスポットライトが照らされる環境を整備する

——なぜBASSDRUMを立ち上げたのでしょうか？

立ち上げた理由は二つあります。一つは、業界内で「縁の下の力持ち」として活躍している人たちが、きちんと評価される環境を整備すること。私が渡米して訪れたニューヨークは、テクニカルの職人たちが正当に評価を受けている街でした。日本では、実績を重ね知名度のあるCDに多くの仕事が舞い込み、それ以外の人材に光が当たらない風潮があるように思います。対して、ニューヨークではたとえ無名でも、日陰にいる縁の下の力持ちと呼ばれる人材であっても、スキルさえあればそれをきちんと評価してスポットライトで照らされるようなエコシステムがあります。そこで私は、ニューヨークと同じように、バンドの花形であるボーカルのような人より、縁の下の力持ちであるベースやドラムのような役割の人たちが、日本という舞台でも職人として正しく評価される環境をつくりたいと考えました。それが社名である「BASSDRUM」に込めた思いでもあります。

もう一つは、デジタル領域を社会のインフラとして整備できるTDを増やしたいと思ったからです。近年はデジタルトランスフォーメーションの重要性が叫ばれ、クリエイターに求められる要件も変化しつつあります。今はホームページや、Web上のコンテンツだけをつくっていた時代とは全く異なります。少し前までは一過性のモノづくりの技術と思われてきたデジタルクリエイティブのスキルが、現在では生活の基盤を支えるための、必要不可欠なスキルになっているのです。これまで以上に求められることが広がる中で、旧態然なCDに頼りっきりな属人的な世の中を楽しくするクリエイティブではなく、世の中の役に立つ、人に使ってもらえるクリエイティブをつくれるTDが欠乏しているのです。私はこれらを解決するためにはTDとして活躍できる人材を増やすと共に、その全員が活躍できる環境を構築していくべきだと考えたのです。

デジタルという「ライフライン」を整備する職業になっているからこそ、業界の構造を変革していくことが、社会により大きなインパクトを与えられる突破口になると考えました。

——デジタルが世の中に浸透し、インフラのようになっている。その状況下でどのような人物が求められますか？

これまでは、「とがったクリエイティブは、とがったクリエイターにしかつくれない」と思われていたところがあったように思います。しかし、クリエイティブという領域が経営やビジネスにも関連するようになった現在では、以前のような「キャラクター重視」ではなく、「真面目に"水道管"をつくることができる人」が、より求められるようになりました。先ほどデジタルが社会のインフラになっていると話しましたが、今はまさにそうした生活の基盤を支える縁の下の力持ちが必要なのです。

私のキャリアを聞くと、様々な道を渡り歩いてきたからこそ、フラフラしているように見えるかもしれません。しかし、自分の一番の取り柄は、真面目なところだと自負しています。私も以前はクリエイターとして際立つキャラクターを持てず、周囲に劣等感を感じて悩んだこともありました。しかし、今は違います。私は真面目にデジタルと向き合うことで、「水道管」のような社会のインフラを、デジタルの力でつくることができる。

アプリ「Magic Sky Camera」
搭載されたAIによって写真に写る"空"の部分を自動判別し、様々なアニメーションエフェクトをかけることができる。

テクニカルディレクターが集うコミュニティーでのやりとり　　　　現場の様子

だからこそ、これからのクリエイティブ業界には、真面目な人が一番向いていると思っています。

　言われたことをきちんと実践し、期限を守る。そして、目的を達成するために様々な方法を試行錯誤できる。どれも当たり前のことばかりですが、そんなふうに「より良いモノをつくるための真面目な努力ができる人」が、激しく変化を続けるこれからの社会で活躍することができるのではないでしょうか。

制作欲と表現欲を
混同しないこと

──その他にデジタルクリエイティブ領域に向いている素養はありますか？

　多くの人が勘違いしていることですが、

「アーティスト」と「クリエイター」を混同してはいけません。中には「クリエイターだから作品をつくらなければいけない」と、強迫観念を持っている人さえいる。しかし、世の中には色々な人がいて、「ただモノづくりが好きな人」だって存在します。何も心配する必要などないのです。

　アーティストとして自分を表現するための作品をつくる人もいるし、純粋にモノをつくるという行為が大好きで活動しているクリエイターもいる。後者のような人の場合は、学生時代に必ずしも自分の作品をつくっていないケースも多いのではないでしょうか。実際に、私自身もその一人です。学生時代にモノづくりへの情熱は持っていたけど、作品はつくっていなかった。その理由は、当時の自分には作品として表現したいモノがなかったからです。

　広告というものは、受注生産型で成り

立っている産業です。訴求する商品があってはじめて、モノをつくることを考える。つまり、クリエイターとして働く人には、「モノをつくりたいけど何をつくればいいかわからない人」にこそ向いていると言えるのではないでしょうか。クリエイターの本質は、あくまで「モノをつくる」ということ。学生としての自分の中に湧き上がる表現欲求みたいなものがなかったとしても、そんなことは気にする必要はありません。むしろ、そんな悩みを抱えている人にこそ飛び込んで来てほしいのです。こちらの世界に入ってきてしまえば、新しい景色が無限に広がっています。学生ならば未熟であって当然。モノづくりを極める道のりもまだまだこれからなので、まずはそのための第一歩を踏み出してほしいと思います。

職人芸で何かを突き詰めるのではなく
多趣味に何にでも手を出してみる。
それが好きな人は、
楽しいと思える仕事です。

BIRDMAN
Chief Technical Officer
コバヤシタケル Takeru Kobayashi

1973年生まれ。福島県会津若松出身。音、映像、データ、ネットワーク、システム制御、デバイス、センサー、電子回路、メカトロニクスと、ソフトウェアもハードウェアも makeするジェネラリスト。15年のフリーランスを経てBIRDMANに入社。

ドローンが商品を運ぶPOP UPストア「空中ストア」
/クロックス・ジャパン

自動で元の位置に戻るイス「INTELLIGENT PARKING CHAIR」
/日産自動車

SNS連動のライブ・ソーシャルゲーム「PUSH for ULTRABOOK」
/レノボ・ジャパン

なぜ音楽からデジタルへ？
フリー、会社員、フリーと経験

バンドブームで、学生時代は音楽活動を熱心にしていました。高校生の時は、DTMや多重録音、シンセサイザーなど、テクノロジーを使った音楽制作を楽しんでいましたね。勉強科目は物理が好きでした。進学した大学も工業系です。ただ入学してみたものの授業には出席せず、地元の楽器屋さんに出入りするように。結果、音楽の道に進みたいという衝動にかられ1年でドロップアウトします。

東京に上京し、音楽事務所が経営する専門学校へ通い始めました。専攻していたのはキーボードです。先ほど話したように、打ち込み系やソフトウェア系もできたので、流れでそのまま講師として働くことになりました。並行して、自分で曲やSEの制作もします。企業からの需要が結構あって、フリーランスとして生計を立てられるぐらいでしたね。

フリーに転身後、初めは順調でした。しかし、徐々に仕事は減っていき音楽一本では食べていけなくなります。2年で立ち行かなくなりました。並行してバンドも続けていて、その活動の一環で、フライヤーやMVの制作も自分でするようになったのです。それで画像映像編集、3DCGなどの技術をタイミングよく習得することができました。

ちょうどその頃は、マルチメディア（音楽＋映像＋インタラクティブなコンテンツ）が流行していた時期。それを生業にしていた先輩の紹介で、インターネットプロバイダーのベンチャー企業に就職することになりました。立ち上げのメンバーの一人でした。入社して2年経った頃、自分の多趣味が影響して、限定された仕事をこなしていくことに面白さを感じられなくなっていき…。業務とは違うことに挑戦してみたくなったのです。また、仕事をしていく中で徐々にコネクションもできつつあった。そんな思いから会社を飛び出して独立。プログラミングなどデジタル案件の仕事をメインに受けていくことになります。その後再度フリーランスを15年くらい続けることになります。「楽しそう」や「やってみたい」をベースに仕事を受

けていたら、こんなにも長く続いてしまった感覚です。

音楽、Web、デバイスと、
広がる興味関心。
一方でフリーランスの限界も見えた

フリーランス中、火力発電所のミュージアムコンテンツの開発に携わる機会がありました。制作したのはよくある鉄道運転シミュレーションゲーム。キーボードのテンキーを使い、操縦できる仕組みです。そのソフトウェアを納品しに行った先で、衝撃の光景が…。現場にいた技術スタッフが実際の電車の操作ハンドルをテンキーにつなぐハックをしたのです。「自分のソフトウェアが、マウスとキーボード以外で動いた！」と感動したのを今でも覚えています。そこからですね、ソフトウェアだけでなくデバイス（ハードウェア）の魅力にもハマっていったのは（笑）。

その後は、アニメーションなどリッチコンテンツを手軽に作成できるFlashでインタラクティブなコンテンツをつくりつつ、電子楽器などのデバイス制作もスタートします。プライベートではVJ活動もしていました。クラブの空間を映像で演出する役割です。センサーを使って映像をコントロールしていました。ここでもデバイスに傾倒しています（笑）。ほぼ趣味の一環でしたが、それが仕事につながっていきました。中でもキャンペーンサイト「PUSH for ULTRABOOK」が自分の転機となりました。一番思い出深い仕事です。チームで働く楽しさを味わえました。フリーだと結局一人でしか動けない。会社をつくるのもアリだと一瞬よぎります。ただ一から立ち上げるとなると時間も必要だし、何より骨が折れそうだと踏み切れずにいたのです。そんな時にBIRDMAN代表の築地ROY良さん（87ページ参照）に、声をかけてもらいました。会社をつくるより、でき上がっているところで働くほうがいいかも。しかも映像チーム、デザインチーム、ディベロップチームが揃っていて、社内で全てまかなえる体制が整っている。ここならば！と、しばらくぶりに会社に勤

めることを決めます。

移り気が活きる業界、
ホットトピックを追いかける

入社後に手がけた仕事で思い入れがあるのは、日産のTECH for LIFEシリーズです。僕が好きにやらせてもらったに等しい案件です。個人的に前から気になっていた「メカニカルホイール」を使って椅子を動かしたいと思い、提案しました。デバイスの仕様からモーショントラッキング技術まで考えプレゼンした、いい思い出です。今も企画を練る時は、ホットトピックとなる技術を盛り込むようにしています。

新しい技術を使ったほうが映えて、話題になる業界です。だから職人芸で何かしらを突き詰めていくのではなく、多趣味であることのほうが好ましいです。そこに面白さを感じますね。短い間でトライ＆エラーができるのも魅力の一つ。とにかく何にでも興味を持つことが重要です。人にでも技術にでも、そのジャンルは問いません。興味を持って掘ってみる。しかし一点集中ではなく、浅く広く掘ることがポイントです。あとは魅力に感じない分野でも、自分なりに興味が湧きそうなところを探るといった裏ミッションを設けて楽しむ姿勢も大事。食わず嫌いにならないように注意してください。食べてみたら意外と別な考え方や発想をキャッチできるものです。

そして、そんな考えを共有できる人と一緒に働きたいですね。成長をサポートしてあげたいと思えます。ネガティブをポジティブに変えられる人は魅力的です。逆に、スキルを楯にして仕事を選り好みする人は伸び悩むと思います。何でも吸収してやるといった勢いが大切ですね。若者が伸びる推進力こそが会社自体を伸ばす力に変わるからです。プロフェッショナルが集まると、もちろんクオリティーの高いものができ上がりますが、そういう追い風がチームに吹くと、もっと大きなクリエイティブに化ける可能性があります。プロフェッショナルになるほど固定観念は増えていくものです。その考えを崩してくれる人を待っています。

教育ツールから宇宙×エンタメ事業まで。
新しい領域と領域をつなぎ、
誰もやっていない分野を開拓。

バスキュール
クリエイティブディレクター
馬場鑑平 Kampei Baba

1976年大分県生まれ。慶應義塾大学総合政策学部卒。2002年バスキュールに入社。Webの技術力を活かし、教育、アート、広告など様々な領域のインタラクティブコンテンツの企画・開発に携わる。主な仕事に「プログラミン」「Space Balloon Project」「Nissan PAVILION - NAOMI BEATS」「KIBO宇宙放送局」。

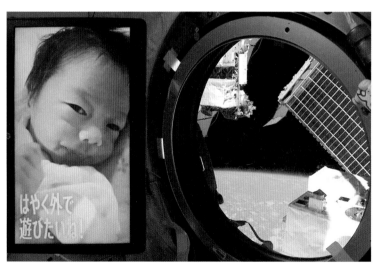

国際宇宙ステーションと地上を双方向につなげるライブ番組「KIBO宇宙放送局」

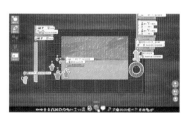

プログラミング学習サービス「プログラミン」／文部科学省
出典：「プログラミン」（文部科学省）（https://www.mext.go.jp/programin/）※2020年12月31日に閉鎖。

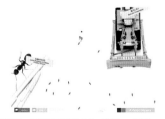

広告賞レースをアリで表現したゲーム「A Pencil Odyssey」

「これなら自分にもできそうだ」
半年かけて独学で身につける

1浪した後に早稲田大の夜間に通っていたのですが、ここにいたらダメだと思って、「課題解決より課題発見」を提唱するイケてる雰囲気のSFC（慶應義塾大学総合政策学部）に入り直しました。でも、とくに目標を持って入ったわけではなかったのでゼミにも入らず勉強もせずに、ジャズ研に所属して、ドラムを叩いて、R&Bやソウルなど音楽に打ち込んでいました。バンドで食べていきたいと思っていましたが、やはり厳しい道なので卒業間際に諦めて、ではどうしたらいいだろうと考えて。やはり表現できるフィールドがいいなと思ったのです。

当時ラーメン屋のホームページなどをつくるバイトをしていて、Flashでアニメーションなどのリッチコンテンツがつくれることを知りました。UIデザイナーの第一人者である中村勇吾さんがそれを作品として昇華しているのを見て、Webブラウザ上にインタラクティブなコンテンツをつくる文化が生まれ始めているのを目の当たりにしました。しかし、それがまだまだ幼い文化に見えて、ここだったら自分でもいきなり活躍できそうだと思ったのです。プログラミング言語なんて1ミリも書いたことがないのにFlashの勉強をゼロから始めて、半年ぐらいかけて独学で身につけました。

フリーランスでやれたらいいなと思っていましたが、仕事のとり方もわからないので就職することに。中村勇吾さんがいたビジネス・アーキテクツに応募したり、イメージソースを受けたりしましたがダメでした。

その当時、Flashの開発コミュニティーがあって、そのメーリングリストで「僕もできます！」みたいなことをちょこちょこ発言していたんです。それをバスキュールの社長が見ていて、それがきっかけでバスキュールに入社しました。社長いわく、「この学生はちゃんと考えていそうだな」と。

パソコン上だけではない
表現の面白さを知る

最初はコーダーとして働きました。バスキュールは当時、クライアントワークでコーポレートサイトなどをつくっていましたが、オリジナルワークでやっていきたいという思惑がありました。それで自社コンテンツをFlashでつくる担当を結構長くやらせてもらいました。

その頃、電通の佐々木康晴さん（84ページ参照）、中村洋基さん（18ページ参照）、木谷友亮さんらと一緒に「A Pencil Odyssey」というサイトをつくる機会がありました。その時に、才能ある人たちとモノをつくるとこんなに表現の幅が広がって楽しいのか…と実感したのです。アリの足が動く順番を観察して、白いスプレーで文房具を塗装して撮影して、パソコン上だけでない表現の面白さを知りました。テクノロジーを使ってどういうふうにアイデアを昇華させていくのか、その過程を体験しました。

チームなら自分の到達点を超えた
仕事ができるだろう

プログラマーはもういいかな、クリエイティブディレクター（CD）になろう、と思ったタイミングははっきり覚えています。「プログラミン」という文部科学省のサイトを制作した時です。Flashは最初の敷居が低くて、プログラミングができなくてもアニメーションを簡単につくることができます。裾野が広くて懐が深いのです。Flashを通じて僕はクリエイティブな経験を積むことができました。子どもたちにもそんなモノづくりへのきっかけとなる環境を提供したい。そういう気持ちでつくりました。このサイトが自分の開発環境を再現するようなものだったので、自分がプログラマーとしてやれることはここまでかなと思いました。

CDになる前からも、プログラムを書きながら企画も構成もと、結果的にディレクションをしていました。それはそれで楽しいけれど、自分のキャパが到達点になる。だったらディレクションという立場に専念して色々な才能と一緒につくったほうがいいかもしれない。自分で手を動かすことを諦める分、自分だけでは想像できなかったところまでたどり着きたいと思いました。

点と点をつないでいったら、
いつの間にか最先端へ

テクノロジーを使ったクリエイティブは、垣根がなくなってきたと思います。広告に関連する面白いキャンペーンサイトをつくっていた時代から、領域がどんどん広がってきました。

バスキュールは、既存の領域と領域をつないで、誰もやっていないような新しい場を開拓することが多いです。それが会社のミッションでもあります。例えば今やっている「KIBO宇宙放送局」は、まだ誰も手をつけていない宇宙×エンタメ領域に先んじて旗を立て、育てていくチャレンジです。こんなカッコいいチャレンジはなかなかないと思ってます。

と言いつつ、僕は新しい領域への挑戦はそこまで好きではありません。ただ、新しいことは必ず整理されていないので、とっちらかった要素があれもこれもとある中で、何が魅力でどうやったら伝わるか、どうすればコンテンツとして成立するのか、考え整理し、みんなに提示するのが好きなのです。それが僕なりの新しい領域への関わり方かなと思います。

最先端の領域で
求められる素養

テクノロジーの領域で活躍している人は、チャレンジに対して楽観的ですね。当社代表の朴なんかはまさしくそう。一歩を踏み出すのがめちゃくちゃ早い。自分のビジョンに覚悟を決めてから踏み出しているから判断が早いのでしょうね。覚悟と楽観は、新しい領域にチャレンジする人にとって重要な資質だと思います。

そういったマインドが大前提としてありつつ、エンジニアやデザイナーとしての職能をどう活かして社会に関わっていきたいのか、常に仮説を立て動いている人。そういう人はものごとを素直に受け止められるし、先輩後輩に関わらず高め合う関係をつくっていける。成長し活躍していくと思います。

今動いたことは、きっかけになる。
その時に撒いた種が、何年後かに花開く。

Takram
デザインエンジニア/ディレクター
緒方壽人 Hisato Ogata

1977年熊本県生まれ。東京大学工学部産業機械工学科卒。岐阜県立国際情報科学芸術アカデミー（IAMAS）、LEADING EDGE DESIGNを経て、2010年にON THE FRY設立。2012年にTakramに参加。ソフトウェア、ハードウェアを問わず、デザイン、エンジニアリング、アート、サイエンスまで幅広く領域横断的な活動を行う。主なプロジェクトに「HAKUTO」月面探査ローバーの意匠コンセプト立案とスタイリング、DESIGN SIGHT「アスリート展」展覧会ディレクターなど。

ナビゲーションデザイン「on the fly」 インタラクションを楽しみながら展示データを表示することができる。
Courtesy of Yamaguchi Center for Arts and Media [YCAM]

21_21 DESIGN SIGHTで開催された「アスリート展」 「アスリート展」内の展示物のディレクションを行った。

体験特化型施設「SKINCARE LOUNGE BY ORBIS」

デザインもエンジニアリングも。ルーツとなった学生時代

僕が大学に入学した1996年当時はインターネット黎明期で、大学進学で初めてインターネットに触れました。この出会いが大きなきっかけになりました。当時はみんな手探り状態で、僕もWebのデザインからコーディングまで独学で学び、地図にマウスオーバーすると自分が買い物をする店の情報が出てくるホームページをつくったりしていました。

人に見てもらうというより自己満足でやっていましたが、当時はプレーヤーが少なかったので、そのうちWeb制作を請け負うように。雑誌に掲載されたり、Web業界の交流会に誘われたり、そこで知り合った人とネット広告を扱う会社の立ち上げに参画したりもしました。

大学では、山中俊治教授の「コンセプトスケッチ」という授業が印象的でした。僕は絵を習ったことがないので、「絵は上手い下手ではなく正しく描けば伝わる」という言葉に感銘を受けました。工業製品をスケッチして、次にその製品を改良したコンセプトスケッチを描くという授業は、見たままを描く練習と頭の中にあるものを描く練習になりました。当時山中先生は研究室を持っていなかったので、安心設計学の研究室に入りました。今でいうユニバーサルデザインを研究するところ。機械工学科なのでハードウェアの研究をする人が多い中、僕はユーザーインタフェースの研究をしていました。ハードウェアもソフトウェアも、デザインもコーディングも、全部自分でやっていたので、自然とデザインエンジニアリングが身についていったように思います。

学部卒業後は国際情報科学芸術アカデミー(IAMAS)に5期生として入りました。当時は大学院として認められる前でしたが、デザイン・アート・サイエンス・エンジニアリングを領域横断的に学べると聞いて面白そうだなと。将来の方向性は漠然と決めていましたが、何をやりたいかはっきり決めてなかったので自由度が高そうなところもいいなと思い進学しました。

尊敬する師匠の下で武者修行

IAMASを卒業して、留学したいと思い留学経験のある大学の先輩の田川欣哉さん(アートディレクション編にて紹介)に相談したところ、その時すでに山中さんのところで働いていた田川さんに誘われたのです。尊敬する山中さんと経験不足の自分が一緒に働くなんて無理だと思いましたが、このタイミングを逃したら次はないと思い、飛び込みました。実はIAMAS在籍時にプロダクトデザインのコンペで受賞したのですが、その時に山中さんから「おめでとう」と連絡があり、自分のことを気にかけてくれていたのも感じていたので、飛び込めたところもあります。

振り返ると、交流会に行くとか、人に会うとか、デザインエンジニアリングとは畑が少し違うけれどプロダクトデザインのコンペに応募するとか、とにかく動いてみることがきっかけになっています。その時は何も起こらなくても、撒いた種が何年後かに花開くことがあるのだなと。

大先輩から釘を刺され、調子に乗っていたかもと気づく

山中さんのところで働き始めて6年ぐらい経つと、周りの色々な人から「独立しないの?」と聞かれるようになりました。ただ、その気になってきた時に、大先輩から「安く仕事を頼みたいからそう言っているだけかもしれないよ。本当にそこでやり残したことがないか冷静に考えたほうがいいよ」と釘を刺されました。その言葉で、「自分は調子に乗っていたのかもしれない。まだ学ぶことはたくさんあるし、まだこれは自分がやった仕事だ!と胸を張って言えるものもない」とその時は思いとどまりました。

ターニングポイントはYCAMで展示した「on the fly」でした。IAMAS時代の知り合いからオファーされた仕事で、紙とデジタルを融合させたシステムの開発を企画から実装まで全て一人で行いました。これは自信を持って自分がやった仕事だと言えます。今思えばあの釘を刺された一言があったからこそできた仕事です。

この仕事で、自分はプロダクト(ハードウェア)とデジタル(ソフトウェア)を分けずにハイブリッドで扱いました。これが自分の得意な領域と言えるかもしれない。そう感じて独立を決めました。独立して一人で仕事をし始め、軌道に乗り始めた時に今度は東日本大震災が起こり、信頼できる人たちと一緒に力を合わせてやってみたいと思うようになったのです。それでTakramに2012年に参画しました。

デザイン・イノベーション・ファームTakramから見る広告会社とは

Takramは"そもそも"から関わる息の長いプロジェクトが多いこともありますが、広告業界の短いタイムスパンの中でのクオリティーの高いプロジェクトマネジメントはすごいと感じています。最近は広告業界でも"そもそも"から携わったり、プロダクト・サービス開発から携わったりすることが増えているように見えます。今後は、コンセプト・プロダクト・広告が一体化しているD2C領域でTakramとコラボレーションしたり、あるいはライバルになったりするかもしれませんね。

「越境」が新たな必殺技を開拓

将来が予測不可能なVUCA時代に生き残るには、必殺技を磨くことと好奇心を持って色々な種を撒くことの両方が重要です。自分の軸足としての得意領域での必殺技を持った上で、そこから違う領域に片足ずつ越境する。探究心と好奇心を持ち続けられる人が活躍できる人なのかなという気がします。

一方で、インターネットが発達した今は情報過多になり、周りのクオリティーの高さに自信をなくしがち。だからこそインプットの意識的なコントロールも必要です。時には大海を見ず、井の中の蛙になり「自分ってすごいかも!」と調子に乗る。そしてもっと良いものに出会ったり、誰かに釘を刺されたりして、「まだまだ全然ダメだ…」と謙虚になる。そういうことの繰り返しで実力やものごとを見る目線がだんだん上がっていくのだと思います。

学生時代を全てCGに捧げました。
そういう熱量を感じられる人は魅力的。
自ずと制作物のクオリティーが高まっていく。

WOW
インターフェイスデザイナー
森田考陽　Takaaki Morita

1981年徳島県徳島市生まれ。2004年多摩美術大学情報デザイン学科卒。在学中はUIデザインやビジュアルプログラミング、現代芸術を学ぶ。卒業後はスタートアップでWebデザイナーとしてアルバイトをしながら夜は桑沢デザイン専門学校で2年間プロダクトデザインを学ぶ。2006年日南入社。2011年WOWに転職。プログラマー、プロダクトデザイナーだった経験を活かし、様々なインターフェイスのデザイン開発を行う。主な仕事に「RENDER」「RunGraph」。

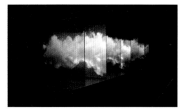

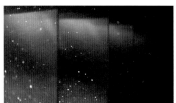

「KDDI Fx0」のインターフェイス開発

走行ログデータを独自のインフォグラフィックスに
ビジュアライズできるiOSアプリ「RunGraph」

透明な有機ELディスプレイ20枚を使った
実験的な映像インスタレーション作品「RENDER」

インターフェイスデザインが
一番しっくりくる

僕が多摩美の情報デザイン学科に入ったのは学科ができて3年目ぐらいの時です。まだ情報デザインと現代芸術のコースが分かれていなかったので、ユーザーインターフェイス（UI）デザインやビジュアルプログラミングに、現代音楽や映像制作と、幅広く学ぶことができました。

ただ、大学にはそんなに行っていません。2年生の時にたまたま求人誌で見つけたスタートアップ企業でWebデザイナーのアルバイトとして働いていました。人が少ない会社だったので、デザインだけでなくコーディングもしましたし、スポーツイベントの雑誌広告をつくったり、メダルや表彰台のプロダクトデザインをして実際に自分で組み立てたり、学校よりも実践的にデザインを学んでいました。多摩美を卒業した後はアルバイトを続けながら桑沢デザイン専門学校の夜間のプロダクトデザインコースに通いました。

専門学校の卒業と同時にアルバイトも卒業して、コンセプトカーなどの先行開発のモックアップ（模型）をつくる会社にプロダクトデザイナーとして正社員で就職します。当時はインターフェイスデザインの仕事がそんなになくて、一番近いのがプロダクトデザインだったのです。その会社でプロダクトのプレゼン用にインタラクティブなデモスライドをつくって提案したのが、僕にとって原点となる仕事です。

プロダクトデザインも面白いけれど、やり直しが難しい。それに比べてインタラクティブデザインはすぐやり直すことができる。また、モックアップは世に出ることがないので、世の中で販売される商品やサービスのデザインに携わりたい。そういうふうに思うようになったのが転職の理由です。

WOWのことはYouTubeでオリジナル作品を見かけて気になっていました。募集職種はプログラマーでしたが、UIデザインができることを面接でアピールしたらUIデザイナーとして採用。希望通り人が使うものを開発するようになりましたが、実際にやってみると全然思っ

たようにいかないし、すごく大変でした。でも今は、そのつらい経験が自分のためになったと感じています。

先行開発だけしていた頃は、とにかくカッコよくて特定の決まった領域さえ動くデモができればそれでよかったけれど、今はどんな場面でも動くものを、納期に間に合わせてつくらなければいけません。WOWに転職して、コミュニケーションを取りながらチームでモノづくりができるようになりました。

今はUIデザイナーではなくインターフェイスデザイナーと名乗っています。活動領域が広がるにつれ、インターフェイスのほうがしっくりくるようになったからです。例えば、未来を描く映像デザインのアドバイスをしたり、実際にそういうグラフィックをつくったり。さらにはプレゼンテーション用のスライド資料をつくることも。情報をわかりやすく伝える仕事を幅広くしています。

某車メーカーの仕事では、車のプロダクトデザインや映像制作、インターフェイスデザインの経験があるということで、指名で声がかかりました。クライアントのチームには強い思い（ビジョン）がありました。それをデザインファームTakramと一緒にビジョンをビジュアル化し、綿密に実装しました。企画はデモやプロトタイプにして動かしてみないとわからないことが多いですし、形にして見せると説得力があります。まだ世の中にないサービスやプロダクトを一般の人にわかりやすく伝えるところでWOWの力を発揮できたと思っています。

技術オリエンテッドに
まずは試してみる

自社案件・オリジナルワークは、クライアントが自分自身。一切妥協せずにこだわりを持ってつくることができるので、エッジの利いたものができます。一方でクライアントワークには、納期がありますし、コンセプトなどをクライアントの意向に合わせなければいけません。

ですから、クライアントワークでは試せない技術をまずオリジナルワークで試して、仕事の幅を広げる。そういう意味もあってWOWでは早い段階からオ

リジナルワークをつくっています。iOSアプリの開発やインスタレーション制作は2009年ぐらいから着手。それが活きて、今UIやアート関連の仕事が受注できているという感覚が社員の中で共有され、オリジナルワークに取り組むことが文化として定着しています。

新しいデバイスが出ると、とりあえずそれを使って新しい表現ができないか試す風土もあります。新しい表現の拡張にはお金がかかりますが…いずれ回収できるに違いない。見せる仕事と稼ぐ仕事のバランスをとっています。大事なのは実験を作品まで昇華させることです。試してみると、どういう技術なのかわかる。だから技術オリエンテッド（第一主義）に試します。「RENDER」も、透明な有機ELディスプレイを何か表現に活用できないか、からスタートしました。

熱量オリエンテッドな事例も

「これって誰のためにつくっているのだろう？」と思うものって説得力がないし長続きしません。最近は一人の人間の強い思いから始まったプロジェクトが多いので、今後そういうものが増えていくのではないかと思っています。

例えば、RunGraphアプリも、とある知人のために開発しました。ランナーでもある彼から自分が走ったデータを大会の景品にしたいという熱い相談があったのです。大会の景品がいつもダサい。なんとかしたいと。僕も自転車レースをやっているので共感して、一緒につくりましょうということになったのです。

好きこそ物の上手なれ

この業界に入ってきてほしいのは、こだわりが強い人。何でも器用にできる人より、不器用でも何かに突出している人がいいですね。学生時代を全てCGに捧げました、とか。そういう熱量を感じられる人は魅力的だなと思います。自分がつくるモノのクオリティーをとことん高めたい人。そういうことは、誰かに求められたからできるということではないと思うのです。好きだから熱量があるし、とことん追求できるのだと思います。

人生はサーフィン。
流されてみるといい出会いがある。

Qosmo
代表取締役/慶應義塾大学 政策・メディア研究科 准教授/Dentsu Craft Tokyo, Head of Technology
徳井直生 Nao Tokui

東京大学 工学系研究科 電子工学専攻 博士課程修了。工学博士。2009年にQosmoを設立。Computational Creativity and Beyondをモットーに、AIと人の共生による創造性の拡張の可能性を模索。AIを用いたインスタレーション作品群で知られる。また、AI DJプロジェクトと題し、AIのDJと自分が一曲ずつかけあうスタイルでのDJパフォーマンスを国内外で行う。2019年5月にはGoogle I/O 2019に招待され、Google CEOのキーノートスピーチをAI DJによって盛り上げた。2019年4月からは慶應義塾大学SFCでComputational Creativity Labを主宰。研究・教育面からも実践を深めている。

AIと共創するライヴパフォーマンス「AI DJ」
Photo by Yasuhiro Tani, Courtesy of Yamaguchi Center for Arts and Media [YCAM]

SHISEIDOブランド初となる旗艦店
SHISEIDO GLOBAL FLAGSHIP STORE内のBGM生成システムを開発/資生堂

AIによるBGM生成システムの概要

研究に没頭。就活がおろそかに

大学に入る前はF1のエンジニアになりたいと思っていました。それで将来はその道に進もうと思い、航空宇宙工学を学ぶために東大理一に入りました。けれども大好きだったアイルトン・セナが事故死して、ほどなくF1に興味がなくなってしまいます。

入学した1995年は第1号のインターネット商用ブラウザMosaic（モザイク）が出たり、Windows95が発売されたりで、一般の人がコンピューターやインターネットを使い始めた年でした。自分もアイルトン・セナの過去の記録を集めたWebサイトをつくりました。そうしたらブラジルの人からメールをもらったのです。すごく驚きました。同時に「ああ、こうやって世界ってつながるのだな、情報系も面白いな」と思ったのです。

研究室や専攻を決める大学4年の時にたまたまDJの友人と仲良くなって自分もDJとして音楽をつくり始めました。自分にしか思いつかないメロディーやリズムをつくってみたいと思っていました。

ちょうどその頃メディアアート美術館のNTTインターコミュニケーションセンター（ICC）でカール・シムズの仮想生命体をシミュレーションした作品を見ました。簡単な数式をDNAの配合のように掛け合わせていくことで複雑な人工生命になっていく。彼自身がなぜそういうものが生まれたのか説明できないと言っていることに衝撃を受けました。自分の想像力を超えたアウトプットがシンプルなルールの中から生まれたところにパワーを感じて、こういうものを使えば自分でも新しい音楽ができるかもしれないと思い、人工生命と人工知能の研究室に入りました。

研究をしながら作品づくりに没頭して、気づいたら博士課程までに。そんな学生で正直ほとんど就職活動をしていないので、読者の皆さんの参考になるのか心配です。

紆余曲折して、理想の仕事に

最初にフランスにあるソニーの研究所で働きます。ソニーにインターンシッ

プとして入った時に海外で仕事をしたいと話したら、「フランスに来る？」という感じで呼ばれました。研究所には音楽・ロボット・AIという柱があって、僕は音楽部門に配属されました。現地で新しい仲間をつくりアーティスト活動をしたかったのですが、言語の壁もあり挫折して帰国しました。

日本の研究所で働き始めて、昔の仲間にも再会します。音楽のプログラミング言語Maxのコミュニティーで情報交換し、自分が面白いと思うものをつくり始めました。色々な人と一緒に作品をつくり、人を紹介してもらったりするなかで電通の菅野薫さんとつながり「これは仕事にできるかもしれないけど、会社がないと発注できない」と言われ、流れで起業することに。当時iPhoneが発売され、アプリ開発が熱気を帯びていました。実は、僕は日本で最初にiPhoneアプリを開発し販売した一人なのです。起動させてポケットに入れておくと、段差や階段で「ピョン」とテレビゲームの効果音が鳴る。単純に音がするだけで、あとはユーザーに委ねて自由にゲームの世界を想像してもらう。昔から「受け手に委ねる作品」に興味がありました。

広告領域の方々と仕事をするようになったきっかけは、Maxのコミュニティーで知り合ったライゾマティクスの真鍋大度さん（52ページ参照）や齋藤精一さんから仕事をもらうようになってからです。ソニーの好奇心活性化プロジェクト"make.believe"の、好奇心を呼び覚まして共有・増幅する球体「dot port」などが印象的です。ところが次第に「このままではまずいぞ」と思うように。いつの間にか下請制作会社みたいになってしまっていたからです。

転機は2016年に真鍋さんと仕掛けた人工知能DJイベント「2045」から派生したAI DJプロジェクト。これ以降はAIを使ったプロジェクトを手がけるようになりました。これがきっかけで、資生堂の旗艦店内のBGMをAIで自動生成する音楽生成システムを開発することに。他にも、USENと組んで、AIを用いたBGM選曲システム「AI BGM」を開発したことも。今ではクライアント発で何かを開発するのではなく、自分たちがつくっ

たプロトタイプが仕事につながるサイクルができました。

地図ではなくコンパスを持って

学生時代は自分と興味が近い大学の外の人たちとつるんでいました。DJをやっていたクラブで知り合った人たち、あの時のネットワークは今すごく活きています。専門分野を持つことは大事ですが、特にこれからのデジタル領域は、デジタル以外の領域の人たちとどんどん意見交換やコラボレーションすることが重要になるといわれています。若い時は狭いコミュニティーに閉じこもらずに様々なジャンルの人たちと交流してみてください。

人生はサーフィンだと思うのです。僕自身、振り返ってみるとよく流されてきました（笑）。DJの友人に会ってなかったらクリエイティブに興味を持たなかったかもしれない。菅野さんに会わなければQosmoを立ち上げていなかったかもしれない。そう考えるとあえて流されてみるのもいいかも。流された先に明るい未来が待っているかもしれません。

就活の時に、こういう職に就いて、何歳で結婚してと、キャリアの地図をつくろうとしますよね。でも、社会情勢はどんどん変わります。来年のこともよくわからないのに5年先の地図がわかると思いますか？大学4年間でやるべきことは、地図をつくることより、コンパスを持つこと。どの方向に行けば自分のやりたいことに近づけるのか、より良い未来があるのか、方向を指し示すコンパスを持っていれば、僕のように紆余曲折しても最終的にやりたいことができます。コンパスを持っていれば流されても溺れることはありません。

好奇心を呼び覚まして共有・
増幅する球体「dot port」／ソニー

テクノロジーの進化のおかげで、
頭の中の想像が大抵5年後には実現できる。

ライゾマティクス
アーティスト/インタラクションデザイナー/プログラマー/DJ
真鍋大度　Daito Manabe

1976年生まれ。東京理科大学理学部数学科、国際情報科学芸術アカデミー（IAMAS）卒業。2006年にインタラクティブデザインからメディアアート、ライブ演出まで幅広い領域をカバーするライゾマティクスを設立。2015年からR&D（研究開発）的要素の強いプロジェクトを行うライゾマティクスリサーチ（現ライゾマティクス）を石橋素氏と共同主宰。身近な現象や素材を異なる目線で捉え直し、組み合わせることで作品を制作。アナログとデジタル、リアルとバーチャルの関係性・境界線に着目し、活動している。

docomo×Perfume「FUTURE-EXPERIMENT VOL .01 距離をなくせ。」/NTTドコモ

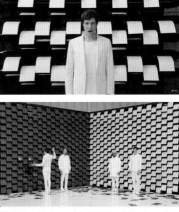

製紙会社Double A×ロックバンドOK Goコラボレーションの
ミュージックビデオ「Obsession」/OK Go

ハローワークのお世話に!? やりたいことをやり直す 転機と捉えた

——学生時代や就職活動について教えてください。

小学生の時からパソコンが好きで、当時はプログラミング言語BASICを使って絵を描いたりゲームをつくったりしていました。インターネット黎明期の1995年、東京理科大学理学部数学科へ入学。将来のことは特に考えず、数学が得意だったので数学科を選びましたが、当時はどのように応用できるのかわからないまま研究をしていました。一方でプログラムを書く授業もあり、並行して履修していました。

卒業後もプログラミングの仕事がしたいという思いが根底にありましたが、DJバンド活動をしていたことも影響し、まずはゲーム業界に絞って就職活動。しかし、残念ながらどこもご縁はなくメーカーに就職することに。マルチメディア開発部に所属し、システムエンジニアとしてキャリアをスタートしました。担当したのは、防災システムに搭載されたカメラのリモートシステムです。大きなシステムを設計すること自体はやりがいがあって楽しかったのですが、とにかく検証テストが大変…。自分が思い描いていた「マルチメディア」のイメージと違ったこともあり、企画段階から自分のアイデアを出せそうなWeb・デジタルコンテンツ方面に進みたいと思うようになりました。

——大規模なシステム開発から、デジタルコンテンツの開発へどのようにして移行したのでしょうか?

大学の同級生だった千葉秀憲(現フロウプラトウ 代表取締役)が働いていたベンチャー企業に誘われて転職をしたことがきっかけです。新しい会社では、いきなりWebコンテンツの制作ディレクターを任されました。オンラインとリアルスペースをつなげるようなコンテンツの制作をしていたのですが、2000年当時はまだWeb広告のエコシステムが確立していなかったこともあり、マネタイズが非常に難しかっ

た。そして徐々に会社の経営が傾いて、転職後半年くらいでなんとクビになってしまったのです。

——クビに!? その後どうされたのでしょうか?

半年ほどハローワークにお世話になる中で、もう一度やりたいことをやり直す転機だと捉え、岐阜県立国際情報科学芸術アカデミー(現・情報科学芸術大学院大学、通称IAMAS)で勉強するという選択肢が上がりました。まずは卒業生に会ったり、IAMAS主催のイベントに参加したりして、ひたすら情報収集。当時はSNSで簡単につながれる時代ではなかったので人脈づくりに時間がかかりましたが、知り合いが増えるにつれIAMASに強い憧れを抱くようになりました。当時開発したいと考えていたデジタルDJのシステムについて、IAMASの卒業生に相談したこともありました。ビジュアルプログラミング言語Maxの第一人者で本も出版されている赤松正行先生や、Maxを使ってアルゴリズミックな作曲を手がけた現学長の三輪眞弘先生など、業界の先駆者が多くいたことも決め手となり、入学を決意します。そもそもプログラミングが得意な自分がIAMASで学ぶことによって、もっとすごいことができるのではないか…という野心もありました。

——IAMASでの経験はいかがでしたか?

入学してからは、出される課題に対して作品をつくり提出し、厳しいレビューを受け続ける日々を送りました。自信をなくす日々でしたが今思うと本当に良い課題がたくさん出されていたと思います。例えば、ブロックチェーン技術の根幹をなすPeer to Peerの仕組みを使って音楽作品をつくりなさい、といったものなどです。後は過去の作品をひたすら研究する訓練を受けましたね。とにかくサーベイをやれ、という感じでした。

当時僕が所属していたIAMAS DSPコースは職業訓練校というよりも真の意味でのアーティスト養成学校でした。チュートリアル的な授業はほとんどなく、作品研究・作品制作が中心でした。お題が用意されて

いるクライアントワークとは違い、コンセプトづくりや問題の設定から考えていきます。メーカー時代に手がけたシステムは防災や人の命を守るという目的があり、ベンチャー時代につくったコンテンツはオンラインコンテンツでマネタイズの仕組みをつくるという目的がありました。これまで明確な目的ありきの制作に慣れていたためか、当時はコンセプトを考えることに苦手意識があったように思います。さらにIAMASの教育がことのほか厳しく、「それ、どこが面白いの?」と言われ続け、完全に自信を失ってしまった時期もありました。

自分が今教える側の立場になって感じるのは、その教育の仕方はもったいなかったなということ。頭ごなしに否定するばかりでは、生徒たちの才能が開花するチャンスをつぶしてしまいかねないと思っています。もちろん、大変な思いもたくさんしましたが、ここで学んだからこそ、今の自分があるのは確かです。

海外からの依頼も! YouTubeの登場で ビジネスが軌道に乗った

——ライゾマティクス設立の経緯について教えてください。

IAMASを卒業してしばらくはあまり仕事がありませんでした。ある日、IAMAS卒業生で売れっ子エンジニア兼アーティストの石橋素さん(現ライゾマティクス 取締役)の引き継ぎで「東京藝術大学の助手とサーバー管理をやってくれないか」という依頼が舞い込みます。すでにクライアントワークを数多く受注していた石橋さんの仕事を手伝いながら、3年ほど大学の業務をしました。

並行して、2006年にライゾマティクスを設立。最初の頃はショールームなど商業施設に設置する常設コンテンツの制作やVIPが集まるパーティー会場に一時的に設置する演出の仕事がメインでした。例えば、ショールームに設置するためのインタラクティブな映像装置をつくったり、ファッション系のパーティーで来場者が自然な形でアンケートに答えられる仕組みを考

electric stimulus to face -test3

えて、開発したりしていましたね。

──ターニングポイントはありますか？

　軌道に乗ったきっかけはYouTubeの登場です。すぐにアカウントをつくって作品を発表したところ、見た人から連絡が入り、国内外から仕事がもらえるように。これまで作品集のDVDを配って地道に売り込みしていたことを思うと、この変化には驚きを隠せんでした。2008年当時、笑顔の検出など画像解析で表情を読み取る技術を搭載したカメラが出始めた頃だったので、自分も顔の表情に着目した作品をつくり始めました。当時、解析技術の精度はあまり高くなかったので可能性を感じたのだと思います。その後紆余曲折して、無理やり笑わせることもできると気づき、低周波刺激で顔の筋肉を制御する「electric stimulus to face」に至ります。コンセプトと技術力が評価され、前述のようにYouTubeを通して世界中で広く視聴してもらえました。

　その結果、徐々に海外のアーティストとのコラボも増えていきました。特に2008、2009年はMasive AttackやU2などのライブでインタラクティブな演出をやっていた元UVAのJoel Gethin Lewisや、openFrameworksの開発者であるZachary Liebermanなどと海外のプロジェクトをこなすことで大型ライブ演出の知見を得ることができたのが大きかったです。その後、2010年に演出振付家のMIKIKO先生からPerfumeのドーム公演のお話をいただいて国内でも徐々に認知が高まっていきました。

──テクノロジーの扱いについて意識していることはありますか？

　openFrameworksがオープンソースでリリースされたことで、それまで特権的につくっていたインタラクティブな作品が、誰でもつくれる状況になりました。そのため2011年頃にはインタラクティブな作品やコンテンツでは優位性が保てないと判断しました。そこで、すぐに「機械学習（コンピューターにデータを読み込ませ、アルゴリズムに基づいて分析させる手法）に軸足を移したほうがいい」と考え、シフトします。あっという間に技術トレンドがひっくり返る。そんなことが多々あります。常にトレンドをキャッチして新しい技術をスピーディーに取り込んでいくことが大事ですね。実際にここ10年間でインタラクティブ映像制作はキャズム超えして、プログラムを書けなくても制作ができるTouch DesignerやNotchといったツールも普及し、派手でわかりやすいコンテンツが増えていきました。今思い返しても当時の方向転換は正しかったなと思います。コンテンツで勝負せず仕組みやアイデアで勝負する。ここは今でも変わりません。

　あとは、ライゾマティクスの創業メンバーの構成について、近いスキルセットの人が集まらなくてよかった、ということです。齋藤精一は建築出身。千葉秀憲は元々はWebエンジニア。石橋素はオールマイティーですがロボティクスやメカニックなどのハードウェア寄り。そして自分はインタラクティブな音・映像・光のソフトウェア系と、守備範囲が見事に分かれています。

仕事には短距離走、長距離走の2パターンがある

──仕事をする上で心がけていることはなんですか。

　期間があらかじめ決まっている広告案件は別として、基本的にどんな仕事も年単位のプロジェクトとして長くコラボレーションできるように工夫しています。ビッグネームと組んで1発大きな花火を上げることは話題になりやすいですが、僕たちはその先を目指していますし、相手もそう考えることが多いですね。瞬間的に話題になることばかり考えているとアイデアが蓄積されていかず危険です。長期にわたってどういうことをやっていくか、壮大なプランを実現するために何をすべきかなどを、時間をかけて練っています。これがいわゆる長距離走に例えられる仕事のやり方です。

　反対に、短距離走に例えられるのは広告案件で、スパンは大体3カ月程度が目安。その短さが面白さであると同時に、この期間でできてしまうんだ！というすごさを感じます。普段の制作ではリサーチやコンセプト設計、プロトタイピングにかなりの時間を費やしますが、広告案件の場合は課題が朝に送られてきて当日中にバックしないといけないことも（苦笑）。まさに広告は瞬発力勝負の短距離走。時間的にゼロからつくるのは難しいので、今までためてきたものをどう組み合わせるかが肝になります。

　いつも短距離走専門の広告業界の人が長距離走にチャレンジすると、ありがたいと思うシチュエーションが多いかなと思います。1つの仕事にかけられる時間が、3カ月から2年ぐらいになるわけですから。逆に、長期の研究開発のスパンに慣れていると、広告のスパンでモノづくりするのはリスクが大きい、と考える人が大半だと思います。でも僕は、短距離・長距離ともに面白さがあると感じています。

──短距離と長距離の仕事をどのようにバランスを取っていますか？

　自分としては、短い瞬発力で乗り切る仕事も好きです。ハッカソン的に取り組むスタンスです。ただし、ずっとそれだけだと

積み重ねがなくなってしまいます。逆に、長期の仕事だけだと新しいアイデアをサクッと試すようなことができなくなってしまうのでバランスを取ることが大事かなと思います。DJやVJみたいに反射神経を必要とするようなパフォーマンスもしつつ、様々なスケール感のプロジェクトを行うのはクリエイティブの力を鍛えられることと思います。

あとは違う分野の専門家、例えば脳科学者や天文学者とコラボレーションすることで視野を広げるようなこともやります。新たな気づきを得られることが多々ありますね。

最近は新しいことをやってほしいというオファーが増えてきています。完成品がどれぐらいのものになるかわからない状況で「一緒にリスクを持ってチャレンジしよう」と言ってくれるクライアントもいてうれしい限りです。しかし、「事前に中身を詳細に示してほしい」というクライアントも中にはいます。仕事上、最先端のテクノロジーを使っていることもあって理解してもらいにくい面があるため、クライアント向けのワークショップを開催するなどして理解を深めてもらう努力をしています。また、開発の過程はブラックボックスにせず全部見てもらうようにもしています。クライアントと"あうんの呼吸"の関係を目指し、スピード感を持って仕事を進めていきたいと考えているからです。

テクノロジーを使った
クリエイティブ領域の
魅力と注意点

───テクノロジーを使った表現がしたいクリエイターを目指す学生へメッセージをお願いします。

常に新しい課題が出続け、それに対する解決方法が続々と生まれている点は魅力的です。変わり続ける新しい価値観を体験し続けられるのは、刺激的で面白い。「こんなことが数年後にできたらいいな」と頭の中で考えたことは、テクノロジーの進化で実際に実現できてしまうことが多いのです。GPSの精度が、5年前はメートル単位だったものがセンチ単位になって表現の幅が広がったこともあります。

大学時代に小手先のプログラミングだけやっていたら、おそらくここまで色々なことにチャレンジできなかったかなと思います。めちゃくちゃ大変でしたが数学をやっていたことが今につながっていると感じることが多いですね。当時の自分には想像できませんでしたが、今でも数学の教科書を使って復習することもあるほど、機械学習など今の仕事に数学がものすごく活きているのです。数学は古びない。最先端のテクノロジーは日々増えていくけど、数学は普遍で変わりません。数学がDJやバンドと組み合わさって、自然と今の仕事になっていきました。熱中して学んできたものがあれば、いずれそういった仕事になると読者の皆さんに伝えたいです。

───確かに数学はテクノロジーの根幹にあるので、古びない知識ですね。

いくつになっても自分自身が古びないように意識して、いい仕事を続けていきたい。そのためには、これから挙げる二つの

ことが大切だと感じています。一つは、新人として活動できるエリアを持っておくことです。自分は海外だと完全に新人扱い。欧米で積極的に作品を発表しています。歳を重ねると自然と偉くなりがちですが、大御所にならないように気を付けています。もう一つは、時間管理をしっかり意識すること。今学んでいる技術は果たして将来使えるのか？ 古びない技術なのか？ どこに時間を費やすかを計画的に考えないと、あっという間に歳を取り、打ち合わせスキルと人脈だけのおじさんになってしまいます。自分は特定のプログラミング言語を極めるのではなく、色々なテクノロジーの表層部分を学ぶことを意識しています。それがどんな仕事にも対応できる自分なりの生存戦略です。あとは、専門スキルももちろん大事ですが、技術をプロジェクトでどう活かすか、コラボレーション案件でどう最大限発揮できるか。自分と向き合うのではなく、コラボレーターと向き合う意識も大事です。

将来一緒に仕事をする広告業界を目指す学生に伝えたいこと。それは、制作におけるプロセスや役割を分けすぎないでほしい、ということです。企画とテクノロジーの実装の担当を完全に分けてしまうと、テックの面白さやスペックをフルに活かせません。早い段階でプログラマーが企画の根本から関わって仲間と意見を交わしたほうが、本当に良いものがつくれるはずだと確信しています。現状は短期スパンに合わせて制作体制が最適化されてしまっていますが、もう少し入り混じれる余白があるとうれしいですね。

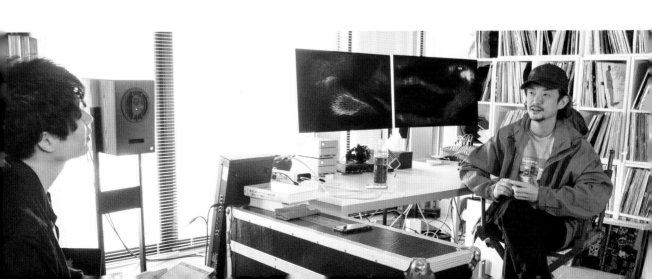

第一線のクリエイターの話を振り返って

いかがだったでしょうか。テクノロジーやデジタルを武器にしつつも、
多種多様なフィールドでご活躍されていることがわかります。少し振り返ってみましょう。

圧倒的なフィールドの多様性

レイ・イナモトさんや中村洋基さん、川村真司さんのように、デジタルを一つの手法として持っておきつつも
高い視座でグローバルや経営のフィールドでも活躍されている方、
眞鍋亮平さんや保持壮太郎さん、大八木翼さん、米澤香子さんのようにビッグキャンペーンに
うまくデジタルならではの表現やプラットフォームを組み込むことで大きなうねりをつくり出している方、
真鍋大度さんのようにテクノロジーを使うからこその圧倒的クラフトで表現や体験を生み出す方、
なかのかなさんや金じょんひょんさん、富永久美さんのように
テクノロジーを使ったプロダクト開発をすることで新しいコミュニケーションを発明する方、
清水幹太さんのように現代のインフラを整備するような姿勢で取り組んでいる方、
コバヤシタケルさんのようにテクノロジードリブンで常に新しい使い所を探すタイプの方、
馬場鑑平さんのように最新技術を活用して宇宙での新しいエンタメコンテンツをつくっている方、
徳井直生さんのようにAI研究者・アーティストとしての活動と
その知見を広告領域に応用する活動の両輪で活躍される方、
カワシマタカシさんのように Google Creative Lab 出身で
今も外からGoogleと一緒に仕事をするなど日米両国で仕事をされる方、
森田考陽さんのようにクライアントワークと同じくらい自社開発のワークに力を入れている方、
緒方壽人さんのようにデザインとテクノロジーの掛け合わせでプロダクトから店舗設計まで
広範囲なイノベーションを生み出す方、

など、読者の皆さんにとってワクワクした働き方が見つかれば嬉しいです。

キャリアに王道がない。それが最大の魅力

さらに、キャリアの積み重ね方も王道がないということがわかります。
王道がないことが最大の魅力と言ってもいいかもしれません。
あなたご自身の独自の生き方が、そのまま強みになっていくのです。

「新人でいられる場所をつくっておく」
「各方面に師匠をつくっておく」
「流されていい。ただしコンパスを持っていること」

印象的な言葉も多様でした。
ライゾマティクス真鍋さんの「新人でいられる場所をつくっておく」、
電通眞鍋さんの「各方面に師匠をつくっておく」の言葉は、
自分が常に立ち止まらずに成長していくための素晴らしい金言です。
徳井さんの「流されていい。ただしコンパスを持っていること」という言葉は、
学生の皆さんにとっても今勉強する意義がわかり、かつ肩の荷が軽くなる言葉だったのではないでしょうか。

この3つの言葉は、第一線で日々進化し続けるテクノロジーの情報を浴び、使い続け、
時には大きなパラダイムシフトを経験してきた方々だからこその説得力を感じます。
学び続け、時代に合わせて自分の立ち位置を柔軟にチューニングする姿勢こそが、
デジタルの波に溺れることなく乗りこなす術なのだと理解しました。

また清水さんの「水道管のようにインフラ的なデジタルをコツコツとつくれる、真面目な人が大事な時代」
という言葉に私もグッときました。「面白い」ことも大事ですが、そこに自信がない人でも活躍できるわけです。
カワシマさんの「一緒に働きたいのは、ナイスな人」もとっても心を打たれました。
私も10年間働いてきて、現場で実感しています。
一緒に働きたいと思ってもらえる人間性があれば、スキルは後から勝手に付いてくるのです。
特にリーダーとして働く立場になるほど、ナイスな人であることが効いてきます。
世の中に大きなインパクトを与えるプロジェクトほどチーム戦になります。
さらに仕事の大小に関わらず課題が複雑な時代となり、他者とのコラボレーションがマスト条件だからです。
特に、全てのハブとなるクリエイティブディレクターは、
究極には「周りから愛されることが仕事」と言えるかもしれません。
そしてレイ・イナモトさんもおっしゃっていました。「日本にはリーダーが必要だ」という言葉です。
自分から動ける人、リーダーになるのだという意思のある人。
それが特に今の日本に必要で、クリエイターであろうがなかろうが、ぜひそこを目指してほしいですね。
私もがんばります。

DIGITAL CREATIVE

DIGITAL CREATIVE

JOB ... TORS

若手クリエイター の就活

Job Hunting Histories of Young Creators

若くして、自分らしい旗を立てて活躍するクリエイターの話を聞いてきました。電通、博報堂、サイバーエージェントのような大手企業をはじめ、そこから独立して活動をしている人たちまで。
就活話や学生時代の作品、今の仕事をご覧いただき、ご自身の人生設計に役立ててください。

-Inter...

-Work...

-Stud...

P 50 P 79

Chiharu Kodana
Kosuke Takahashi
Natsumi Wada
Rei Hanada
Tomoya Ishibashi
Ryoji Takahashi
Suguru Myoen
Bigi Sinamura
Mayumi Okumura
Rina Urushidani

10 YOUNG CREATORS

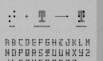

ium/THE GUILD STUDIO
代表

小玉千陽 Chiharu Kodama

1991年岡山県倉敷市生まれ。東京工業大学工学部社会工学科卒。在学中にバンタンデザイン研究所にてグラフィックデザインを学ぶ。2011年にArt&Mobileに入社後、フリーランス、広告会社での活動を経て、2017年にデザインスタジオiumを設立。自身の会社を経営する傍ら、2020年4月にはフリーランス・自営業のクリエイターが集うTHE GUILDの最年少取締役員に就任。

LIFFT お花の定期便/BOTANIC

コーポレートサイト/松井亮建築都市設計事務所

変化が激しいデジタル領域。波を楽しめる人が向いている。

好きなことでお金をもらえるなんて！

　小学生の頃からパソコンで遊ぶのが好きで、Adobe Photoshop や Illustrator を触ったり、ホームページづくりに没頭したりして、つい徹夜をしてしまうような子どもでした。テレビを見ている時はすぐに寝てしまうのに、何かをつくって

いる時は一晩中目が冴えて止められず、気がつけば朝を迎えていました。

　中高生になるとWebデザイナーやグラフィックデザイナーという職業があることを知り、その道に進みたいと思うように。「好きなことでお金をもらえるなんて！」と感動していました。

　情報収集をしていくうちに、デザイナーの多くの方が美大出身と知り、私も目指

そうと思ったのですが、親からは国立大学に進むよう強い要望が。「東京藝大はさすがに難しそう…」と思い諦めかけましたが、尊敬するデザイナーの中村勇吾さんが東京大学卒だと知って、「東大に行けばデザイナーになれる」と勘違いをし、東大を目指しました（笑）。結果的に東大には受からなかったのですが、中村勇吾さんが建築系の学科だったので、似たようなことを学べる東京工業大学の社会工学科へ進学しました。

大学では、街づくりやコミュニティーデザインを学んでいました。ただ、やはりグラフィックデザインを学びたいと思い、1年生の夏からバンタンデザイン研究所へダブルスクールをすることに。大学の単位を取りながら並行してのダブルスクールはそれなりに大変でしたが、「デザイナーになるにはやるしかない」と自分を奮い立たせていました。

ダブルスクール後の
キャリアステップ。
フリーランスの生存戦略

バンタンを卒業後は、デザイン事務所などのアルバイトを経て、THE GUILDというUI/UX領域に専門を置くフリーランスや小さな会社が集まった組織でアルバイトをしました。そこでは、何かをつくるという目的のもと、デザインとエンジニアリングの両方に携わることができました。当時はまだ職種として、その2つの領域を横断して関わることができる会社が少なかった中で、両方できることに魅力を感じ、THE GUILD代表の深津貴之氏率いるArt&Mobile社に新卒で就職。そして1年2カ月働いた後、フリーランスに。UIデザインだけでなくサービスやブランドの世界観をつくるアートディレクション領域へも携わりたいと思うようになりました。

今思えば、新卒2年目でフリーランスとなり、新たな領域へも挑戦していこうとしたのは、怖いもの知らずでしたね。ただ、ずっと実務経験を通して成長してきたので、仕事をしながら学び、身につけていくことが一番早いと思っていました。

フリーランスの仕事では、自分をなるべく客観視し、同じポジションに留まって満足してしまわないことを意識していました。フリーランスは、自分の成長が止まった時点でキャリアが終わってしまうからです。クライアントから依頼されていない範囲のことでも、何かプラスアルファの提案を加えてみるなど、お金に関係なく自分の価値をたくさん発揮し、信頼してもらえることを大切にしていました。

そうやってキャリアを積んでいる時に、プロジェクトを共にした電通の方から一緒に働かないかと声をかけていただきました。会社に入って学べることも多いのではと入社することに。

電通では全ての案件が面白く、規模も大きくて、やりがいを感じていました。ただ、働いていくうちに、私はアートディレクターでありつつデザイナーでもありたい、企画だけでなく手を動かして最後の制作の部分まで関わりたい、と思うようになりました。それができる環境は自分でつくっていくしかないと考え、入社から7カ月後に再び独立。iumというデザインスタジオを設立し、今に至ります。

今はiumを経営しながら、THE GUILDの一員となりボードメンバーを務めています。また、子会社のTHE GUILD STUDIOの代表にも就任。STUDIOは若手クリエイターが集まる、雇用をともなった組織。フリーランス時代の自分の働き方を省みて、スタッフと一緒に持続可能な働き方を実現しようとしています。

サービスやビジネスの
下地となるデジタル

デジタル領域でデザインをしていく面白さの一つは、反応が見えやすいことです。私は昔から、自分がつくったもので人にポジティブなパワーを与えたいと思っていました。デジタルだとその影響力を即座に数値として見ることができるのは、面白いです。

また、デジタルが世の中に広く深く浸透していく中で、デザインが介入できる領域が増えてきています。あらゆるタッチポイントを通じた体験設計が必要となってきているからこそ、デザイナーがサービス設計やビジネス創出まで携わることができる。その可能性の広がりが面白いです。

具体的な仕事で言うと、BOTANIC社の「LIFFT 定期便」というお花のサブスクリプションサービスがあります。CDO（チーフデザインオフィサー）として、サービス全体の設計からアートディレクションまで一気通貫して関わっています。テクノロジーで花き業界をアップデートしたい、一人でも多くの人にお花のある暮らしを楽しんでもらいたいという依頼に対して、デジタルやデザインの力でサービスに付加価値を与えることができました。

一緒に働きたい人とは？
そして、優秀な経営者や
クリエイターの共通項

デザインが好きで、制作を通して様々な課題と向き合っていきたい人と一緒に働きたいです。モノづくりが好きということが、何よりも一番信頼できます。

そして、好奇心旺盛な人。私が尊敬する経営者やデザイナーを見ていると、共通して視野が広いなと思います。彼らは様々なものを吸収して感覚を常に磨き続けており、さらに蓄積された経験から良いと思うものをロジカルに説明できます。何でも見ようとする人は、目が良くなるのだと思います。

さらには変化を楽しめる人。デジタル領域は変化が早いので、常に感覚や思考をアップデートしていかなくてはなりません。変化の波に飲み込まれるのではなく、むしろ波を乗りこなしていこうという人はこの業界に向いていると思います。

学生時代の作品

電通
発明家/コミュニケーション・デザイナー

高橋鴻介 Kosuke Takahashi

1993年東京都・千代田区生まれ。慶應義塾大学環境情報学部卒。2016年に電通に入社。デジタル、テクノロジー表現、サービス開発領域でクリエイティブプランニングを担当する傍ら「発明家」としても活動。ペットボトルのキャップをネジとして再活用するプロジェクト「CAPNUT」、墨字と点字を重ね合わせた書体「Braille Neue」、触手話をベースにしたユニバーサルコミュニケーションゲーム「LINKAGE」など、発明による新規領域開拓がライフワーク。WIRED Audi INNOVATION AWARD 2018にて日本のイノベーター20人に選出される。

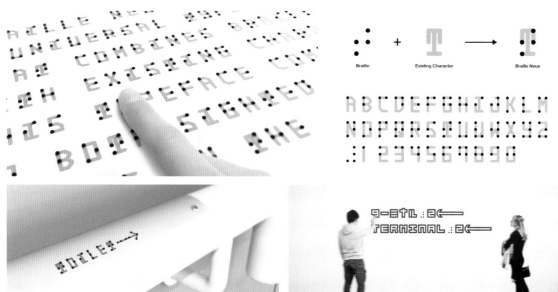

目でも指でも読める文字「Braille Neue」

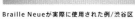

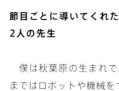

Braille Neueが実際に使用された例/渋谷区

アイデアを
"考える"と
手を動かして
"つくる"。
両方やりたい。

節目ごとに導いてくれた
2人の先生

　僕は秋葉原の生まれで、高校生になるまではロボットや機械をつくるエンジニアになりたいと思っていました。ところが1年生の時に文化祭のパンフレットをつくったことで「デザイン」の世界を知りました。エンジニアは理想形に向かって論理的にモノを組み立てていくけれど、デザインは「カワイイ」とか「カッコいい」といった感性で人の心を動かすことができる。全く違っていて面白いしステキだなと思ったのです。それで志望を工業系からデザイン系に変えました。美術系の勉強をしていなくても受験することができて、デザインとエンジニアの両方の勉強ができる、慶應義塾大学の環境情報学

部に入りました。

僕はこれまで節目ごとに導いてくれる人物に出会っている気がします。

一人は大学で授業を受けた佐藤可士和さん（アートディレクション編にて紹介）。「未踏領域のデザイン戦略」という、今までデザインが入っていなかった領域にデザインを入れてみようという授業で、すごく刺激的でした。印象的だったのは、全13回の授業のうち12回までコンセプトメイキングの繰り返しだったこと。なぜ、こんなに考えさせられるのだろうと思っていましたが、アイデアがはっきりすると、形にする時に迷いがなくなるのです。この授業でコンセプトの重要性やアイデアの面白さを知りました。

もう一人は、僕が入った「山中デザイン研究室」の山中俊治先生です。先生の「自分がやる意味を見いだせないなら、それはまだアイデアではない」という言葉を聞いて、論理的な正しさだけでなく、自身の好奇心に従うことで、今までにない自分のオリジナルなアイデアが生まれてくることを教わりました。また、先生のモノづくりへの姿勢を間近で見られたことは、今でも糧になっています。

そんな楽しいことを仕事にしていいんですか！？OB訪問が決め手に

就職活動は、デザイナーへの憧れを持っていたので、メーカーのデザイナーやUI/UXデザイナーを中心に受けていました。その当時、広告業界は視野に入っていませんでしたが、高校時代の先輩の紹介で、PARTYでデザインリサーチャーのインターンを始め、一気にその面白さに気づきます。伊藤直樹さんや中村洋基さんの下で仕事をすることが多く、個人的に大好きだった日本科学未来館の案件に末端ながら携わったことで、広告の仕事はすごく領域が広く、自分が考えるデザイナーとしての職域に近いと感じるようになりました。

就職先の選択肢は、ソニー、PARTY、電通の3つがありました。メーカーのデザイナーとしてイヤホンやヘッドホンのデザインをするのも楽しそう。けれども、佐藤可士和さんの授業で今まで世の中になかったものをつくる楽しさを知ってしまっ

たので、より広い領域を手がけるクリエイティブ業界の2社に惹かれました。しかし同時に、PARTYでインターンをしてみて、自分のような武器や軸を持たない人間が、新卒で行くことが正しいのか、悩んでいました。

そのような中、電通はOB訪問が決め手になりました。プロトタイプでゲームをつくっている人、研究に没頭している人など、色々な人に会わせてもらったのですが、「そんな楽しいことが仕事でいいんですか？」と聞きたくなるほど、仕事の幅が広い。この環境なら、たくさんの人に刺激を受けながら、自分の軸を探していけるかもしれないと思い、電通を選びました。

それと、僕はアイデアを考えることと、手を動かしてつくることの両方がやりたいワガママ人材でした（笑）。しかも、一過性のバズるモノではなく、世の中につくったモノを残していきたい。そんな僕に、「それ、全部できるよ」と言ってくれたことも、今の会社を選んだ理由かもしれません。

長く、深く、根づくデジタルクリエイティブの魅力

テレビCMや新聞広告などクライアントの発注ありきではなく、仕事のつくり方から携われるところ、余白があるところ、それがデジタルクリエイティブの面白い点かなと。例えば、目でも指でも読める点字「Braille Neue（ブレイル ノイエ）」。自らが発明した文字がきっかけとなって、渋谷区とご一緒して区役所の導線と体験を考える仕事に発展したり、公共施設の館全体のサイン計画をデザインするようになったり。そんなふうに長く根づいていくクリエイティブを自ら開拓できるのです。

自分自身は常に新しいことを考える人でありたいと思っています。今までなかった方向性や領域に踏み出して、新しいポテンシャルを発見したい。曖昧ですけど、それを言語化したのが「発明家」という肩書です。この言葉は便利で、発明家と言っておけば、デザインも企画もモノづくりも、全部できますからね。

革命家求む！ 偏愛を武器に

デジタルクリエイティブ領域で活躍している人は、自分が好きなものをたくさん持っていて、他の職種のように肩書に旗を立てるのではなく、自分の興味関心があることに旗を立てている人が多いです。AIでもロボットでもVRでも、自分が好きな旗を立てると、それが意外と仕事になるのです。だから、好きなことや興味のあることにまっすぐな人が向いている。人のオリジナリティーはやはり「好奇心」だと思うのです。自分が気になること、好きなことを突き詰めて、「これは社会を良くするはずだ！」と、どんどん世界をひっくり返してくれる。そんな革命家みたいな人が広告業界に増えていくと、今よりもっと面白い業界になりそうだなと思っています。

自分の好きなことや興味のあることを言語化できなくてもいいです。それに対して、言語化できずとも、思い余って「つくっちゃいました」みたいな偏愛で創作欲溢れる人が向いています。言語化できないけど良いと感じるものをそのままなんとなく形にする。それがデジタルクリエイティブの一番の特徴なのかもしれません。言語は理論化する力ですが、デザインは直観化する力で、「なんかいいよね」という言語化できないことを形にできるところにデザインの価値がある。例えば、海をすごく愛していることを言語化できなくても、その人が持っている海への解像度は普通の人とは全然違うはず。そういう人がつくったモノを見るとなんだかワクワクします。デザインやデジタルはそういうコミュニケーションなのではないでしょうか。

Job Hunting Histories of Young Creators

安心を送る防災ギフト「Bishoku」。
在学時の佐藤可士和さんの授業「未踏領域のデザイン戦略」の課題。

電通
クリエーティブ・リサーチャー

和田夏実 Natsumi Wada

1993年生まれ。ろう者の両親のもと、手話を第一言語として育つ。視覚身体言語の研究、多様な身体性の方々との協働から感覚が持つメディアの可能性について模索している。2016年慶應義塾大学環境情報学部卒。2018年電通入社。2020年10月以降はフリーランス/研究者として感覚に関する研究開発と企画制作を行き来している。2016年手話通訳士資格取得。2016年度未踏IT人材発掘・育成事業「スーパークリエータ」認定。2017〜2018、ICCでemargensis!033「tacit creole / 結んでひらいて」展示。2019年ヤングカンヌ PRINT部門日本代表。※取材した時点の肩書きです。

Visual Creole

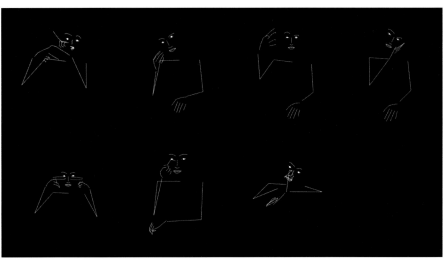

Signed

技術起点ではなく人起点。研究を社会実装。

研究と社会実装との距離

　私は幼い時から伝えることについてずっと考えてきました。それは、聴覚障がいのある両親と手話を通して会話していたから。だから大学に入ってからは、人それぞれ受け取り方が違う中で、視覚や触覚、嗅覚など、色々な方法を使った最適な伝え方の研究をして

いました。インタラクションデザインやメディアアートを使うことで新しい伝え方を発明しようと、顔の表情や手の動きなどにイラストを重ねて視覚情報でコミュニケーションできるアプリケーション「Visual Creole（ビジュアル クレオール）」を開発して"未踏スーパークリエータ"に認定されました。こうした研究は学部から慶應義塾大学

大学院までの6年間続けました。

「Signed」は、学部生の時にスタートして社会人になった今でも続けている個人研究です。身体動作を映像から解析して分類するプロジェクト。様々な国や地域に赴き、そこで収集した映像を解析して異なる文化や動きのくせなどを分類し、視覚身体言語の世界辞書のようなものをオープンプラットフォームでつくることを目指しています。

高速プロジェクターの開発企業に大学時の研究を見つけていただき、R&Dが始まることも。大学の研究は社会実装が難しかったり、皆が利用するアプリケーションが提案に含まれていたとしても「誰のためのものなのだろう」と思ってしまう内容だったり…。研究はその成果を社会に落とし込むところも重要だと思います。色々な企業と一緒に社会実装まで遂行できる仕事に魅力を感じ、大学院を卒業した後は就職を選択しました。電通ではテクノロジーと表現の可能性を広げ、その領域の拡張を担うチームに所属し、技術のリサーチや表現開発の実験、企画制作をしていました。そして働く中で、より感覚・コミュニケーション分野に重きをおいた働き方がしたいと思い、2020年10月以降はフリーで企画・制作をしつつ、東京大学の博士課程に進学しています。

技術を魅力的に伝える仕事。
広告会社との出会い

学部の時に様々な身体の方と協働で身体感覚やその可能性を探っていく衣服やデバイス、ゲームなどの企画にプロジェクトサポートとして参加しました。その時に技術を魅力的に伝える仕事や広告会社を知り、サマーインターンの時に広告会社と人材系の会社に参加しました。学部の時は就職活動を色々やって、人材系の会社から内定ももらっていたのですが、その時はもう少し研究を進めたいと思い、修士課程に進むことにしました。

大学院に進んですぐ、研究・企画・開発を一気通貫で行うクリエイティブチームで長期インターンを始めます。

修士の2年間働き、その後電通に入社しました。

技術を深める会社か、
技術の可能性を広げる会社か

デジタルクリエイティブ職を目指す人は迷うと思います。テクノロジーに強い表現を担う会社がいいのか、何でもできる広告会社がいいのかと。私自身は、大学の共同研究やプロジェクトチームへの参加を通して、周りの方のテクノロジーへの眼差しや技術愛を目の当たりにし、シンプルに自分の至らなさに気づきました。自分はそこまで技術を探求することはできないなと。また少数精鋭の会社ではカラーがはっきりしていて、その魅力を最大化したものが求められているように感じました。自分の強みがはっきりしている人は合っていると思います。

私が何でもできる広告会社を志望したのは、色々なカラーの人と組み、様々な手段やメディアを活用し、向き合う人や技術の可能性を広げたいと思ったからです。答えが見つかっていない中で、求めているものが何かを一緒に考え、その人や技術に合う形を模索してみたいと思いました。同時に、広告会社の資産であるグラフィックデザインやコピーライティングの力、伝え方の表現技法の蓄積に感動し、伝えることについてより深めてみたいと思ったからです。

面接では「技術映えではなく、本当にその人のためになっているのか」を問われてハッとした経験があります。技術の話に終始するのではなく、誰がその技術を通して喜ぶのか、どう使われるのかを考えて伝えることを意識しました。

学生時代に得られた視点が
今も助けてくれる

会社の仕事は数字も大きいし広告主も大企業で忘れがちですが、最後に届いた人にとってどうなのか、受け取った人はどういう気持ちになるのか、そういう視点で考えられるのは学生時代

や面接時に学んだことが活きていると感じます。クライアントからの相談の中には「こんな技術できちゃったけどどうしよう」といったものもあります。大学時代に学んだ研究や知識から"テクノロジー起点"の魅力を探し出し、その技術でどんなことができるのかを"人起点"で考えて、社会に実装される最適解を提示していくところがデジタルクリエイティブの面白いところです。

テクノロジーとエモーショナルの
バランス

2019年に山口情報芸術センター（YCAM）で行われた集中ワークショップ「詩的なコンピュータの学校」を受講し、プログラミング言語でラブレターを書きました。0と1だけのプログラミングの世界で詩のような余白の可能性を探る講義です。受講生は皆、魅力的でした。テクノロジーにも明るく、エモーショナルな部分に惹かれる人と一緒にプロジェクトや制作をしたいですね。ドラえもんのような、何でも完璧なロボットではなくドジなところが余白となって愛おしくなる、そんな技術や表現を探求できたらいいなと思います。

デジタルクリエイティブを目指すなら実際につくり続けることが大切なように思います。積極的に展示をしたり賞に応募したりしているとポートフォリオが充実してきます。個人としても幅が出ると思います。色々なバイトをしてみて、自分に何が向いているのか体感するのもいいかもしれません。

学生時代の研究「altag」

研究・共同作品「LINKAGE」

電通
クリエーティブプランナー

花田礼 Rei Hanada

1991年神奈川県・川崎市生まれ。慶應義塾大学法学部卒。2014年電通へ入社。システム開発部署、プロモーション局を経て、現在は電通関西にて活躍。リポビタンDの「ファイト不発」、セブンツーセブン化粧品「オコジョが大好き」、ウコンの力「いい感じの力のやつ」などを手がけ、関西の広告プランナーを表彰する「佐治敬三賞」で2019年にグランプリを獲得。会社員の傍らでドローンフォトグラファーとしても活動する。

駅貼り広告「オコジョが大好き」/セブンツーセブン

新聞広告「自社Wikipediaのスクショ広告」/セブンツーセブン

ファイト不発 リポビタンD Twitterの投稿/大正製薬

ファイト不発 リポビタンD/大正製薬

周りにない武器を持つことで、若手でも裁量権を持てる。

CMコンテスト受賞をひっさげて応募するも落選。自分を見つめ直す

学生時代は、大学生向けのCMコンテストで入賞するために、ひたすらCMを制作していました。僕が高校3年生の時、クリエイティブディレクターの山崎隆明さんが制作したホットペッパーのCMに衝撃を受け

ました。「仕事でこんな面白いことができるんだ」と。所属企業を調べたら、広告会社の電通がヒット。電通に入ろうとその時に思いました。山崎隆明さんが審査員を務めるコンテストで賞を取れば電通に入れるだろうと考え、CM制作に没頭していったのです。

コンテストには大学1年時から参加していて、初年度は上位20作品の最終審査に残りました。入賞はならなかったのですが、

その後研究を重ねて大学2年生で最優秀作品に。その結果をぶら下げて、大学3年生で就職活動に臨みました。

はじめは広告会社の選考のみ受けていました。CMコンテストで優勝できましたし、博報堂のインターンに参加し、結果も良かったので、広告会社に入れるだろうと勝手に思っていました。最初に受けたのは博報堂です。結果は、1次選考落ち。ただコンテストで賞を取っただけではダメだとそこで気づきました。

それからは練習も兼ねて生命保険や銀行など、様々な企業を受けました。ただめちゃくちゃ落ちました。さすがにへこみましたね。慌てて就活本を買いにいってようやく気づいたのです。面接では結果だけを伝えていて、自分の思考プロセスや成果の過程を全く伝えていなかったことに。いわゆる自己分析が全然できていませんでした。大事なのは結果ではなく、自分自身を理解することでした。

電通の選考が始まるまで少し間があったので、必死に自己分析を重ね、無事電通に入社することができました。もし自己分析する必要性に気づくのが電通の面接の前日だったら、今クリエイターとして活動している自分はいなかったと思います。

クリエイティブのいろはを学び、目からウロコ

自分の中で転機になったのはリポビタンDのお仕事です。もともと各地のイベントブースなどでリポビタンDのサンプルを配布していました。でも、同じ予算で違う方法を取ればもっと面白くできるのではと、ずっと考えていたのでクライアントに提案することに。ちょうどその頃クリエイティブの仕事をしていた面白い後輩・葛原（プランニング編にて紹介）と出会います。それがターニングポイントでした。それまで僕はプロモーションの仕事をしていて、クリエイティブの仕事はしてこなかった。だから、アイデアの出し方が全くわかりませんでした。でも彼のアイデアを生み出すプロセスを見ていたら驚きました。本当に面白いモノはこうやってつくっていくのかと。自分はCMコンテストで賞を取っているし、面白いモノを生み出せるという自覚がありましたが、覆されました。

僕自身はSNSや動画制作に詳しかったので、そのノウハウとアイデアを組み合わせ、クライアントにWebを使った施策を提案しました。今までとは違った方法でリポビタンDを世に届けられると思ったのです。そうしてでき上がった広告は、Twitterで拡散し、多くのワイドショーやWebニュースに取り上げられました。

デジタルクリエイティブの魅力とは？

僕の場合はSNSを活用した仕事が多いですが、低予算でもアイデア次第でたくさんの人に情報を届けることができることがデジタルクリエイティブの魅力です。ひと昔前だと、大勢の人に届けるには予算を割いてCMを打つなどが必要でした。拡散力を高めたかったら、お金もその分かかります。それがSNSを駆使すれば、予算に関わらず面白いものであれば一気に拡散していきます。これが一番の醍醐味です。

もう一つ挙げるとすれば、若手でも裁量権を持ってクライアントを担当できること。CM制作やコピーライターとは違って、ベテランより若手の方がネイティブな感覚を持ち合わせています。前述したように、僕はSNSが得意領域です。ドローン空撮が趣味で、ある時撮影した写真をInstagramに上げたらバズって、それが面白くてそこからSNSを徹底的に研究しました。どの時間に投稿すると反応されやすいか、どんなタグを付けたら拡散されるか、載せる写真の色彩によって反応はどう変わるかなど、SNSの研究に没頭しました。その結果、社内からもクライアントからもSNSに強いキャラと認知されました。周りが持っていないものを武器にすることができたからこそ、裁量権を持って仕事をすることができます。

研究者気質や作家気質が向いている

大学時代に身につけておいてよかったスキルについて挙げるなら、動画編集や画像編集ができるソフトを扱えること。できなくても全く問題はないのですが、自分の武器の一つになっています。それらのソフトが使えると、企画書だけでなく最終的なアウトプットのイメージも含めて良し悪しが判断できます。企画書は良さそうだけ

ど、動画にしたらあんまり良くない。そんなことが起きるので、先んじてつくれるといいですよね。逆も然りで、企画書上はどう良いのか伝わりづらくても、音や視覚のつなぎ合わせを工夫することで結構良いアウトプットに化けることもあります。

気質でいったら研究者気質か作家気質の方に入ってきてほしいです。前者を具体的にいうと、自分の好きな領域について徹底的に調べる人。例えば、SNSが好きだとしたら、バズっているつぶやきを集めて、なぜそれが世の中で受けているのかを徹底的に調べ、体系化してしまうような人。それくらい何かに没頭できるような人とは一緒に働きたいですね。後者は世の中がどう思うか以上に自分の感性を大事にする天才肌。僕らみたいに何が世の中にウケるのかを徹底的に調べて施策を考える人とは逆に、自分の独特な感性や世界観を持っていて、そこから湧き出る唯一無二のアウトプットを出せる人がチームに一人いるといいですね。物怖じせずに、チーム内で発言してくれると、チームとして良い成果を上げることができそうです。

『隕石ニモ負ケズ』編　第6回GATSBY学生CM大賞

博報堂
プランナー

石橋友也 Tomoya Ishibashi

1990年生まれ。2014年に早稲田大学大学院理工学術院卒業後、博報堂に入社。在学中にバイオアートに関心を持ち研究を始める。学生時代の主な研究兼作品は金魚を逆品種改良して祖先であるフナに戻す「金魚解放運動」。現在の主な関心領域は「生物と表現」、「機械とコトバ」、「工芸とテクノロジー」。プランナーとして仕事に携わる一方でアーティストとしての個人活動も行う。WIRED CREATIVE HACK AWARD 2019 グランプリ、第23回文化庁メディア芸術祭アート部門優秀賞などを受賞。

聞き間違えない国語辞典/パナソニック

聞き間違えない国語辞典　駅貼り広告/パナソニック

金魚解放運動　実際に繁殖していた金魚たち

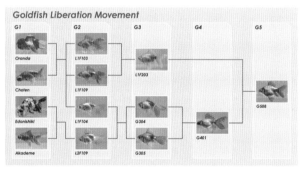
金魚解放運動　5世代を通してのフナ化の過程

TwitterのトレンドワードからAIが詩を生成するインスタレーション「バズの囁き」　WIRED CREATIVE HACK AWARD 2019 グランプリ

アーティストとクリエイターの融合を目指す。

"理系の勉強"に満足できない時にバイオアートに出会った

　地元に馴染めずに、よく図書館にいる子どもでした。「ここではないどこか」に連れて行ってくれるアートやSFに興味があって、18歳の時にはSF作家になりたいと漠然と思っていました。でも、進学したのは早稲田大学の先進理工学部。

そこで再生医療や遺伝子治療を学ぶ一方、古美術研究会というサークルに所属して神社仏閣や仏像の勉強をしていました。

　いわゆる"理系の勉強"に満足できずモヤッとしている時に、森美術館の「医学と芸術展」で、生物学の技術や知見を用いた芸術「バイオアート」と呼ばれる領域に出会いました。早稲田大学にはバイオアートの第一人者の岩崎秀雄教授がい

ることを知り、岩崎研に所属し、研究を始めました。

学生時代の主な研究兼制作は「金魚解放運動」というものです。フナが祖先の金魚は、1700年間の品種改良を経て、今のような奇抜な形態と色とりどりの体色が生み出されました。でもその結果、自然環境下では生きられなくなった。そういう金魚の脆さを知り、人間はなんてことをしたのだと。金魚同士を掛け合わせてフナへと戻す逆品種改良を施すことで、金魚に込められた人間のエゴや美意識を表現できるのではないか。そう考え、5年以上にわたり交配実験を繰り返してフナの形へと近づけています。これが僕のアーティストとしてのデビュー作品です。

卒業間際に進路未定。
先輩の一言がきっかけで…

理系でありながら研究と作品の制作をしていたので、それをやり切るまでは就職について考えられず、ずっと進路未定のままでした。就職活動を始めたのは卒業間際の修士2年の冬です。

実は博報堂1社しか受けていません。古美術研究会の先輩が博報堂にいて、「石橋くんのアイデアは面白いから博報堂に向いている」と声をかけてくれて「おみくじみたいなものだから受けてみたら？」と。僕には広告会社の予備知識は少なかったけれど、合っているかもしれないと思い受けてみました。

でも、変な会社には入りたくなかったので7人ぐらいにOB訪問しました。そうしたら知的な人が多くて、大学院みたいな雰囲気を感じました。どの人も魅力的でしたが、僕が好きだった「恋する科学と芸術」をテーマにした雑誌『広告』の編集長の市耒健太郎さんにお会いして、個性的でアーティストのようないで立ちに惹かれました。それに博報堂の人たちは僕の作品を面白がってくれたのです。それが純粋に嬉しかったですね。

アートも広告も同じ。
表現をつくるプロセスはロジカルで
冷静でなければならない

卒業してから採用試験を受け、無事合格。そして入社後の研修で博報堂にはインタラクティブ領域があることを知り、希望を出してインタラクティブプランナーになりました。デジタル、Web、SNS、テクノロジーに特化した職種で、そこからプランナーとしての修行が始まりました。仕事は大企業のSNSの仕事が多かったです。自分なりに一生懸命やりましたが、自分がどんな職能を発揮すればいいのかわからずに悩み、仕事に向いていないかもと思っていました。

手ごたえを感じたのは、入社2年目の終わりから3年目の頭にかけて手がけたパナソニックの補聴器「聞き間違えない国語辞典」の仕事です。補聴器の研究者の方々とやり取りをしながら、三省堂『大辞林』の膨大なデータを使い、聞き間違えやすい言葉の組み合わせを見つけるAIをつくり、聞き間違いを可視化するフォントをつくり、聞き取りやすい話し方を啓発するキャンペーンを実施しました。

施策に対する面白さだけでなく、舞台裏のエンジニアリングによって新しい表現を生み出すことができた点が、学生時代の活動に通じるものを感じます。初めて自分らしい仕事ができたと思いました。この仕事をきっかけに、入社前の自分を思い出し、作品づくりをまた始めることにしました。

仕事でSNSに関わる中で炎上などのセンシティブなことに目がいくようになり、Twitterにその日の気分が左右される、現代の病理に興味を持ちました。「聞き間違えない国語辞典」でAIや言語処理技術にも興味を持ったので、それを使って作品をつくろうと思い、AIエンジニアの同期と組んでTwitterのトレンドワードから詩を生成し続けるAIのインスタレーション作品「バズの囁き」をつくりました。この作品は文化庁のアーティスト育成事業に採択され、アーティストとしての復帰のきっかけになりました。

再びアートの世界に戻り、コンセプトメイクやコピーライティング、チームメイク、制作進行といった広告の世界で学んだことを活かしたら、作品に思わぬ良い評価をいただくことも。他方で学生時代にしていたアート作品のプレゼンテーションや、なぜその作品をつくるのか、その作品が何を意味しているのかなど、自分の考えを言語化していたことが、広告の仕事のアイデア出しからプレゼンテーションして実施に至るまでの重要なポイントと一致することにも気づきました。アートも広告も、表現をつくりあげるプロセスではロジカルで冷静であることが求められるのだなと。

自分を表明すると、
自然と居心地のいい仕事や環境に

個人ワークと会社の仕事、両方ともフルスロットルでできるようになったのはここ半年ぐらいです。自分の創作活動を頑張っていたら社内で興味を持ってくれるようになり、テクノロジーやアート関連の仕事が来るようになりました。なぜこの仕事が自分のところに来たのかを考えると、逃げられません（笑）。だから気を抜かずに両方とも全力でやっています。アーティストと広告クリエイターを両輪で頑張る中で、自分だけのオリジナリティーを確立することができるのではないかと思っています。

自分を表明していると自然と居心地のいい仕事や環境になりました。上司ともつながっているSNSに自分の作品や展示について投稿したり、自己紹介で作品を紹介したりしていたら、展示会にも来てくれるようになりました。

社内のテクノロジー領域で旗が立っている人は、好きなものがはっきりしている、あるいははっきりさせようとする意思があります。そして、それをSNSで発信することをいとわない。新入社員の自己紹介の時点から自分がやっていることをアピールします。どんな活動をしているのか、自分が何者なのかをいつも考えて発信し続けています。

広告会社は得意先の求めるものにインパクトを付加して広告をつくります。しかし何が企業にとっての課題なのかはっきりしない時代に突入し、最大公約数的な企画や表現の基準が薄れた今、自分自身が信じられる基準を持って制作していくことが求められます。今後は自分なりの美意識や倫理観を持つことがクリエイターにとってより重要になっていくのかなと思っています。

博報堂
コピーライター
髙橋良爾 Ryoji Takahashi

1990年長崎県生まれ。早稲田大学卒。2015年博報堂入社。在学時の2011年に、エンジニア田中章愛氏とクリエイティブユニット「VITRO」を結成。照明装置「Dew」や、えんぴつの万歩計「Trace」などを発表。2013年に国際見本市「ミラノサローネサテリテ」に出展など。写真、建築、デザイン分野それぞれでグッドデザイン賞ほか受賞歴多数。

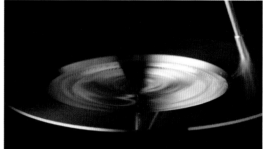

照明「Dew 一線香花火のように儚いあかりー」

ロボットトイ「toio™(トイオ)」
©Sony Interactive Entertainment Inc.

チルアウト家電「Work & Chill Lantern」
クラウドファンディングを実施し、個人的にプロダクト開発をする。

企画をして、後はお任せではなく、プロトタイプまで、つくりたい。

「このままではマズイ」の危機感から創作をスタート

　生まれも育ちも長崎県。両親は医者で、兄も医者。さらに姉はピアノの先生をやっています。厳格な家庭で育ちました。こうした家で育ったからこそ、自分の中に反発心があったのかもしれません。勉学とは無縁の道に進みたいと思い、モノづくりに興味を持ちました。

　「デザイナーになりたい」と父に言うと、当然反対。父にとっては「デザイナーになりたい」は、「芸能人になりたい」とほぼ同義だったようです。美術系大学や写真専門学校へ進学を希望するも認めてもらえませんでした。ただ一人、高校の頃に師事していた写真家の東松照明先生だけが、芸術の道に進むことを後押

ししてくれました。親も、建築ならば幾分アカデミックだと許してくれ、早稲田大学の建築学科に入学しました。

大学では1年生の頃は、C評価をもらうなど劣等生でした（笑）。図面ではなく、何かモノを生み出したいと思いはじめました。「このままではまずい」と危機感を持っていた時に、同郷のつながりから、エンジニアの田中章愛さんと出会い、一緒にモノづくりをすることに。そうやって立ち上がったのがクリエイティブユニット「VITRO」です。エンジニアとペアだったので、制作しやすい環境でした。

デザイン面を僕が担当して、エンジニアリング面を田中さんが担当する。そのような役割分担で、デジタル要素を取り入れたインテリアをいくつも発表します。線香花火をモチーフにした照明装置「Dew」などが代表作です。いくつかの展示会で評価が良かったので、思い切って世界最大級の家具見本市「ミラノサローネサテリテ」に応募したところ、なんと出展できることに。そのまま毎年ミラノサローネへ応募することがルーティーンになりました。

制作費と制作時間を確保できる会社はどこなんだろう

本音を言うと、就職活動はしたくありませんでした（笑）。それよりもミラノサローネに出展し続けたかった。むしろ、「就活は失敗して、奨学金で博士課程に進む」くらいの算段でした。親からは就活しろと厳しく言われていたので、「やったけど駄目だった」と報告ができればいいなと（笑）。一方で、その時は本当にお金がなくて…。制作費と制作時間を確保できて、ミラノサローネに通い続けられる会社なら入りたいと思っていました。

その頃、展示会などで出会うメーカーや研究機関の人たちを見ていると、多くが忙しそうでした。一方で、博報堂の人だけは自由そうに見えました。自分も博報堂に入れば、働きながらミラノサローネに行けるのではないかと思ったのです。

博報堂の面接では、「営業でも経理でもなんでもやります」と言っていましたね。面接の前日に家族から電話がかかってきて、そう言えと脅されたからです（笑）。作品をたくさん載せたポートフォリオを持って面接に臨みましたが、その説明は一切しませんでした。矛盾している姿が逆に印象に残ったと、入社後に役員の方から言われました。

学生時代の延長のような社会人経験も

入社後はインタラクティブ職か、研究開発職に就きたいと思っていました。自由時間が多くて、個人制作に没頭できるイメージがあったからです。でも、研修期間に受けたテストの点数が良かったのか、初配属はコピーライター職に。展示会で作品を説明して売ることまでやっていたので、知らず知らずのうちにコピーの勉強ができていたのかもしれません。

博報堂のコピーライターは師弟制度で学んでいきます。4年間は修行期間でした。その期間は、厳しくも優しい先輩の下につき、忙しく仕事をしました。同時に、エンタメ・イノベーションの祭典「サウス・バイ・サウスウエスト」に博報堂が出展する際には、プロジェクトメンバーに加えてもらいました。国際的な展示会にみんなで協力して臨む。学生時代の延長のような経験もできました。

今は6年目。修行期間も終わり、プライベートワークに充てられる自由な時間が増えてきました。自分が構想したものを、クラウドファンディングを利用してお金を集め、製品化を進めたい。そしてここで得た知識をゆくゆくは新しい領域の仕事につなげていきたいですね。

個人的なクリエイター論。必要なマインドは？

僕個人は、アイデアを出すだけでは納得できない部分があります。企画をしたら、後は外部に発注して終わりでは、つくった気になりません。考えるだけでなく、手を動かすこともやりたい。少なくともプロトタイプや模型までは携わりたい。「クリエイター」と名乗るなら、

そこまでやりたい。言葉に厳密すぎるのかもしれません。もしくは、設計から模型づくり、施工までを考える建築教育の影響なのか…。個人の話をしましたが、そのような姿勢がデジタル領域のクリエイターの特徴だと思います。

そして、もっとも重要なのは、テクノロジーを使えるかではなく、考え方として"デジタル的思考"、言い換えると"モデル化思考"を持っているか。"モデル化思考"とは、複数の体験から共通法則を見つけて、結論を導き出す考え方です。デジタル領域のクリエイターには、実装の職人と構想の職人がいますが、後者にはモデル化思考がより求められます。

僕自身もこの考えを意識しています。例えば、建築関連の図鑑を読む時には、名建築の法則がないかと考えながら読んでいます。図鑑に載るような時代を象徴する建築物は、当時の新しいマテリアル（素材）を取り込んでいる。近代建築でいうと、鉄とガラス。では現代建築なら、どのマテリアルを取り込むべきか。今ならAIかな…とか。モデル化思考で制作したものが、法則性があるデジタル的表現につながると考えています。

作品が自分に向いた仕事と自分の強みを教えてくれる

学生時代にモノづくりをやってきて良かったと、入社してから改めて感じます。アウトプットしてきた作品によって、周りも僕の特性を理解してくれ、適した仕事を紹介してくれました。また大学の外で活躍してきたことで、はじめから認めてもらえる部分も大きいです。

読者の皆さんには、ぜひ作品を外に発表することをおすすめします。学校の中で作品を発表し、優秀な成績を修めていただけでは、もったいないです。学校の外で作品を発表する。すると自分の特性を伝えることができたり、他人から強みを教えてもらえたりします。お金を払えば出展できる展示会でもいいです。今だとYouTubeなどの動画でもいいかもしれません。とにかく自分の個人名で学校の外に発表の場を持つことが自分の道を開き、強みを理解することにつながると思います。

kakeru
クリエイティブディレクター
明円卓 Suguru Myoen

1989年生まれ。立教大学社会学部卒。2014年に電通に新卒入社し、コピーライター／プランナーとして活躍。これまでの主な仕事に「意識高すぎ！高杉くんシリーズ」「三太郎シリーズ」（KDDI）、「復活！ピッカピカの一年生」（小学館）など。2020年に独立しkakeruを起業。コーヒースタンド「JANAI COFFEE」のディレクターも務める。

意識高すぎ！高杉くん／KDDI

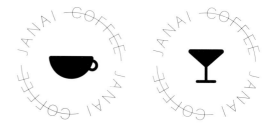

Blooming Gift Tree／資生堂

恵比寿にできたコーヒースタンド「じゃない」バー「JANAI COFFEE」
表向きはコーヒースタンドだが、ある秘密を解くことでバーに入店できる仕組みになっている。

学生時代にしかできない経験が受賞歴より就活の武器に。

「デジタル人材」になるべく経歴をつくり上げた

立教大学社会学部出身です。とはいえ勉強には力を入れておらず、授業はなんとなく参加するだけ。飲み会とサークル活動ばかりに明け暮れる、いわゆるダメな大学生でした。同級生がインターンに参加したり説明会に行ったりしている

時も、就職活動に関することは一切していませんでしたね。

そんな僕が広告業界のことを知ったのは、「さすがに何もしないのはやばいよ」と友人に誘われて参加した合同説明会でした。そこで初めて電通という企業と出会い、衝撃を受けます。電通が関わっている仕事の幅の広さに驚き、将来何をしたいのか決めきれない自分が入る会

社はここしかない！ と感じたのです。当時の電通の説明会では、将来に向けて「デジタル人材」と「グローバル人材」を積極的に採用するという話がありました。英語が話せない自分が電通に入るには「デジタル人材」になるしかないと考え、大学を1年休学して準備し、就活に臨むことにしたのです。この決断は正直、賭けのようなものでした。当然親には反対されましたが、「電通に入れなければ実家に帰って家業を継ぐ」と話し、なんとか納得してもらいました。

休学した1年で、電通に受かるためのことをとにかくたくさんやりました。インターンとしてIT企業を立ち上げる手伝いをしたり、自主企画で広告や動画をつくったり。牛角に自主提案した、紙のチラシとデジタルを組み合わせて「チラシで焼肉体験ができる広告」が実際に採用されたこともありました。このかいあって、あたかも「これまでの人生でずっとデジタルに関わってきた」と思ってもらえるような経歴を偽造することに成功したと思っています（笑）。翌年、電通の「ソーシャルコミュニケーション人材」の募集に応募し、内定を勝ち取ることができました。

人の期待に何でも応えたい。そんな思いから「ゼネラリスト」を目指した

入社後、コピーライターとしてクリエーティブ局に配属されました。仕事をこなしているうちに段々と、複雑化するクライアントからの要求にもっと色々な方法で対応できるようになりたいと思い、「コミュニケーションプランナー」を目指すことに。WebやPRなど幅広く知識を身につけるため、コピーライターとストラテジックプランナー2人のメンターに付いて仕事をしていました。学ぶことは多く良い経験になったと思いますが、2人の先輩に付くということは、単純にたくさんの仕事をこなすということです。当時はかなり大変でしたね。さらに、色々な人から「何か一つに絞らないと一流になれない」という話をされることも多く、不安になった時期もありました。

しかし、誰かの役に立つには色々なスキルを身につけていた方が良いだろうと思っていたので、ぶれずに強い思いを持ち続けました。「何か1つが優れたスペシャリスト」より「何でもできるゼネラリスト」になるため、様々なことに挑戦しました。

挑戦したことの一つが、入社4年目で「クリエイティブディレクター」を名乗ること。広告会社でクリエイティブディレクターになれるのは10〜15年目くらいからです。一方、自分の周りで別業界に入ったり起業したりした人はすでに大きな仕事を一人でこなしている。自分はまだ何もできていない、このままではどんどん周りから遅れてしまうと感じたのです。そこで、後輩を集めてチームをつくり、自分がクリエイティブディレクターとして広告を制作。学生時代に自主提案をした牛角に、再び自主提案に行きました。この経験をしたからこそ、さらに新しい人や仕事との出会いがありました。クリエイティブディレクターという立場になってみたことで、リーダー視点を学べて、新たな気づきもありました。自分の働き方を見つめ直すきっかけにもなり、挑戦して本当に良かったと思っています。

自分の理想とする働き方を実現するため、独立を選んだ

2020年に電通を退職し、kakeruという会社を立ち上げました。独立したいと思った理由は、自分のことを指名してくれた企業や人ともっとたくさんの仕事をしていきたいと強く思ったからです。また、コミュニケーションプランナーを目指し始めた頃から、自分のことを頼ってくれる人たちのためにどんな形でも貢献したいと思っていたこともあり、会社というくくりに縛られない働き方を選びました。今は、電通にいたら絶対にできなかったであろう、博報堂やADKなど大手広告会社をはじめとした様々な会社の人と仕事ができ、とても楽しいです。

起業をしたことで、これまで続けてきた広告的な仕事に加えて、飲食店「JANAI COFFEE」など、自分がやりたいと思え

る仕事をできるようになりました。自分の好きなことをすることで、人との出会いがあり、新しい仕事が生まれるのです。とても面白く、充実していると思っています。今の仕事は、広告：自分のオリジナルコンテンツ＝9：1くらいですが、いずれは3：2くらいにしたいと思っています。心身ともに健康な状態で働くためには、人が求めてくれることと自分がやりたいことの最適なバランスを保つことが大事です。

履歴書に書くための受賞より、自分だけの経験を大事にして

広告業界にアーティストはいません。全員、クリエイターなのです。広告業界の仕事は、自分の好きなように表現することではなく、あくまでお客さまの気持ちに応えること。人のためになりたいと心から思える方に入ってほしいですね。

その中でもデジタルは、フットワーク軽くアウトプットできることが利点です。実験的に試したり、空いた時間につくったりできます。学生の皆さんには、まずは手を動かして、自分の思うようにつくってみてほしいです。「○○賞受賞」と履歴書に書くより、様々なことを試してみた経験が、就活にも活きると思います。

学生時代に牛角に自主提案し採用された施策

CHOCOLATE
企画屋/発明家

島村ビギ Bigi Shimamura

1994年生まれ。東京大学工学部都市工学科卒。2018年に新卒で大手広告会社に入社後、コンテンツスタジオCHOCOLATEに転職した新進気鋭のプランナー。総再生数1億回を突破し、TwitterやYouTubeでも話題になった「6秒商店」の店長。穏やかな見た目からは想像のできないほどの決断力の持ち主。

6秒商店「おひとりさまたこ焼き器」

6秒商店「魔法陣充電器」

6秒商店「寝過ごし防止Tシャツ」

勝手に世界遺産委員会/サントリー食品インターナショナルスポンサード

メッセージ広告「居酒屋編」/広島県観光連盟

転居するならスーモだった件/リクルート住まいカンパニー

©川上泰樹・伏瀬・講談社／転スラ製作委員会

時代の半歩先のコンセプトを世に提案し、すぐ検証する。

広告業界を見据えて理転

　東京大学の工学部都市工学科に在籍していました。でも最初からこの学科で学んでいたわけではありませんでした。文科三類から農学部に進学して、その後広告業界に行きたい欲が湧き上がり、そのために必要なステップとして工学部に転部しました。

　工学部で都市工学科を選んだのには二つ理由があります。一つは父親が地方公務員、母親が観光業で、もともと地方の街づくりに興味があったから。もう一つは、建築と広告は考え方が近いからです。左脳を使ってロジカルに考える側面と、右脳的にデザインしていく側面、両面を落とし込んでいく必要があります。この学科での学びは広告会社で働く際

に必ず役に立つと思いました。その当時理系出身のクリエイターが増えていたこともあり、理転を決断しました。

卒論は廃校舎・公共施設の利活用をテーマにしました。もともとあるものの違う側面を照らし出す。そんな考え方が好きです。広告と直接的には関係ありませんが、考える筋肉は鍛えられましたね。

ポスターがきっかけで
童心が再燃

今の時代珍しいと言われますが、小さい頃からテレビCMが大好きでした。『世界まる見え!テレビ特捜部』(日本テレビ系列)で放送されていた海外のおもしろCM特集をずっと見ていました。ただ、小中高校と何も意識しないで過ごしていたら、広告業界への憧れもいつの間にか忘れてしまって…。

広告業界への思いが再燃したきっかけは、ある時たまたまポスターを見かけて参加した宣伝会議のコピーライター養成講座です。「広告業界めちゃくちゃ楽しいじゃん」って、童心を思い起こしました。コピーライター養成講座のポスターがなければ今の自分はありません(笑)。

そこから広告業界への就職を意識するようになりました。電通のインターンシップではサントリー天然水など数多くのCMを手がけた東畑幸多さん(プランニング編にて紹介)コースに通い、より一層広告会社に行きたいと強く感じました。

面接では
手段を問わずアピール

選考では、とにかく第一印象を残すことを意識しました。面接官は一日数十人も相手にするのですからね。その際に大事なことは、自分がどういう人間と思われることが多いかを逆算することです。僕は一見堅苦しく思われがちなので、あえて自己紹介の一言目は「カレーが好きすぎる話」から始めてギャップを用意しました。あとは、小さなことですが履歴書を1枚50円かかる手触りの良

い紙に印刷して持参していました。

また、当時の僕は広告会社の中でもクリエイティブ職に就きたいと考えていました。だから、配属の方針や傾向などまでリサーチを重ねて、クリエイティブ職へ配属される可能性が高い企業を探していました。ポイントは、配属の傾向と自分の印象をマッチさせていくこと。入社までではなく入社してからのことも考えるのが大事だと思います。

他には企業の思想も大事です。都市工学科で学んでいた時に一番大切にしていたのは、住民視点の街づくり。人が暮らす街だからこそ、そこに住む人々の目線を重視したいと考えていました。そしてその考え方に近い企業が僕に合う企業だろうなと。このようにして自分と企業のすり合わせを行うことで自分にとって一番の会社を見つけることができます。そして無事に大手広告会社から内定をいただき入社することができました。

入社して半年で転職、
理転と同じで即断即決

実は入社半年でその会社を辞めました。きっかけはあるFacebookの投稿です。個人的にクリエイターとして好きだったCHOCOLATEの栗林和明さん(プランニング編にて紹介)が「実現したいことはあるけどとにかく人手が足りない」と。それを見てすぐに「就業後や土日だけでもいいから手伝わせてください」とメッセージを送り、運良くお会いすることに。オフィスに話を聞きに行ったら、「これからはコンテンツを大事にしなければいけない」など広告の未来を熱く語ってくれて。自分が思い描いていた未来像とも重なり、この人たちと一緒に働きたいと、その場で「雇ってもらえませんか?」とお願いしました。その決断力を評価していただいて入社が決まり、現在に至るまでCHOCOLATEで働いています。

プロトタイプには
みんなを引き寄せる引力がある

CHOCOLATEでは6秒で欲しくなる

架空の雑貨専門店「6秒商店」の店長を務めるなど、プランナーとして活動しています。デジタルクリエイティブ領域の活動は本当に楽しいです。プロトタイプは自分ですぐつくれるし、それが時代の半歩先をいくものだったらみんなが集まってきます。とにかく引力がすごい。商品化は中国企業に先を越されてしまいましたが、6秒商店の「魔法陣充電器」は25万人以上の方にリツイートされました。新しいコンセプトを提案して世の中を動かしていける実感が湧いてきます。また、効果検証しやすいのもこの領域の特徴です。一つ出したらその反応がすぐに数字として表れます。開発して、数字を見て分析して、次に活かすというサイクルを高速で回せるのは、大きなメリットです。

僕自身、一過性のものではなく、10年先も20年先も人の心に残るものをつくっていきたいと思っています。そこにたどり着くために様々な道があるけど、CHOCOLATEでの経験が役に立つと信じています。年齢や立場などに関係なくアイデアを受け入れてくれて、若手に何でも任せてくれるのです。だからこそ当事者意識は強くなります。成長スピードはとてつもなく速いので、この道を選んで後悔はないです。

今はプロトタイプを開発できるキットも発信できるメディアもたくさんあります。だからこそ、言われなくても勝手につくってしまうような人がこの業界に来てくれるとうれしいですね。

今がチャンス!
価値観が変わった2020年

2020年は劇的に社会が変わりました。社会構造が変わる中で、広告業界も同様に変化しています。価値観が変わるということは、広告表現も今までと同じというわけにはいきません。だからこそこれから広告業界に入ってくる方には、チャンスが広がっていると思います。現在CHOCOLATEにインターンで参画している高校生・大学生の新しい価値観に、僕自身も刺激を受けています。これから広告業界を目指す方はそういう意識を持って臨んでほしいです。

カヤック
フロントエンドエンジニア/Unityエンジニア

奥村檀 Mayumi Okumura

1994年生まれ。立命館大学映像学部卒。学生時代、当時横浜にあったカヤックのオフィスを訪れ、一目惚れ。プログラミング経験ほぼゼロの状態から、エンジニアとして2016年カヤックに入社。主な仕事に「世にも奇妙な物語×女子高生AIりんな」コラボプロジェクト、ゲッサンWalker、サントリーZONe WebAR、からかい上手の高木さんVRなど。

「世にも奇妙な物語×りんな」
コラボプロジェクト
女子高生AIりんなブログ

「世にも奇妙な物語×りんな」
コラボプロジェクト
女子高生AIりんなブログ（乗っ取られた演出）

「世にも奇妙な物語×りんな」
コラボプロジェクト
女子高生AIりんなLINE通知

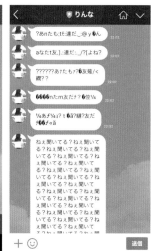

「世にも奇妙な物語×りんな」
コラボプロジェクト
女子高生AIりんなLINE通知（乗っ取られた演出）

ゲッサン創刊100号記念サイト「ゲッサンWalker」

「からかい上手の高木さん」©山本崇一朗/小学館

一度は落選するも自分を見つめ直し再チャレンジ。

プログラミングを知って、映像のさらなる可能性に気づいた

　高校生の頃から映像制作に興味があり、放送部に所属。大学でも映像を勉強するため、立命館大学の映像学部に進学しました。映像のプロデュースやCG、実写映像の撮り方まで、映像に関することを幅広く学ぶ学部です。授業の中で初めてプ

ログラミングに触れ、「これだ！」と感じました。VRやAR、プログラミングを使ったら、もっと視聴者自身も映像の中に入り込めるような、インタラクティブな映像をつくることができる。それまで一方方向的な映像しか知らなかった私には、大きな気づきでした。3年生からは、よりインタラクティブな映像づくりを学ぶため、VRを学ぶゼミに入りました。

Job Hunting Histories of Young Creators

「どうしてもカヤックに入りたい」諦めずにチャレンジしたことが、内定につながる

就職先でもインタラクティブなコンテンツに携わりたいと思い、企業探しをしました。カヤックを知ったのは、vvvv（ブイフォー）という、視覚的に扱えるプログラミングツールがきっかけです。ちょうど就職活動をし始めた頃に、vvvvを世に広めるための活動をお手伝いしていました。その活動の主催者であるエンジニアの平野佑樹さんにカヤックに興味があることを話してみたら、オフィスに連れて行ってくれたのです。社員全員が楽しそうに仕事をしている姿、オフィスの明るい雰囲気を肌で感じ、絶対にここで働きたい！と思うようになりました。結局、就活ではカヤックしか受けませんでした。

カヤックで働きたいという目標は決まったのですが、応募職種には迷いました。ディレクターとして周囲をまとめながら仕事をするよりは、自分で手を動かしてつくりたい。でも、エンジニアとして応募できるレベルのプログラミングの知識はないから、募集職種の中から選ぶのであればデザイナーかな…などと、「何をやりたいか」ではなく「何ができそうか」という条件で考えていました。3年生の春、デザイナーとしてカヤックの選考インターンを受けましたが、落選。ショックでしたが、今考えれば当然です。自分が本当にやりたいことは何かを、見つけきれていなかったからだと思います。

ただ、一度の落選ではやはり諦めきれませんでした。半年後にエンジニアとして再度選考インターンに呼んでもらうことができ、内定しました。プログラミングの知識がほぼなかった自分が内定したのは、つくりたいモノのために勉強をするプロセスと半年間プログラミングを勉強していた姿勢、熱意を評価してもらえたからだと思っています。学生時代、自分がつくりたい映像のために、VRやプログラミング、映像編集ソフトなど、様々なことを勉強し、挑戦していました。これは、エンジニアとして業務を行う上で大切なプロセスです。この部分が評価され、「カヤックに入社する」という夢がかない、本当に良かったです。

先んじて試作を用意。1年目から前のめりに仕事を進めた

入社後、Webのフロントエンドエンジニアとしてキャリアが始まりました。もちろん先輩方にサポートをしていただきながらではありますが、1年目から大きな仕事を任せていただくことも多くありました。

特に印象的だった仕事は「世にも奇妙な物語×女子高生AIりんな」のプロジェクトです。フロントエンドエンジニアは私ともう一人の先輩で担当しました。このプロジェクトに入る前にも、その先輩とは一緒に仕事をしていて、プロジェクトの進め方などを教わっていました。そこで、少しでも成長した姿を見せたいと思い、スケジュールを前倒ししてコンセプトに沿った試作品を制作。社内の打ち合わせに持っていきました。これをすごく褒めていただきました。プログラミングにも慣れておらず苦戦しながらつくった試作品だったので、嬉しかったです。

2年目で担当した「ゲッサンWalker」のサイト制作も印象深いですね。エンジニアとして初めて一人で演出も考えた仕事です。前のめりに仕事を進めていたため、プロジェクトの進行もスムーズ。本来であれば動かす予定のなかった部分にアニメーションをつけるなど、クオリティー向上のために時間を使うことができました。

他にも嬉しい記録を出しました。サイト制作の仕事は公開前にバグなどを発見する「テスト」と呼ばれる工程があります。そのテストでのバグ発生率が、カヤックが手がけるクライアントワーク史上、過去最低だったのです。「自分一人でもWeb制作ができるようになったんだ！」という自信につながったエピソードでした。

今は、Unityエンジニアとして働いています。Unityとは、ゲーム制作などに多く使われるゲームエンジンです。扱うようになって2年。まだ慣れないですが、良いコンテンツをつくるために日々頑張って勉強しています。

やりたいことを見つけるために、まず考え抜いてほしい

デジタルクリエイティブの魅力は、コンテンツを見てくれる人も、作品の中に巻き込めることです。こちらが届けたら、向こうからアクションが返ってくる。コンテンツを通して視聴者とコミュニケーションを取ることができるのが醍醐味です。学生時代にVRを学んだのも、一方的ではない作品、視聴者が入り込めるようなコンテンツをつくりたいと考えたことがきっかけです。今、やりたいと思っていたことができていて、すごく楽しいです。

これから就活をする学生の皆さんにお伝えしたいのは、全くの未経験でも「やりたい」という思いがあるのであれば、チャレンジしてほしいということ。スキルは後から身につければ十分です。

ただ、自分が本当にやりたいと思うことを見つけるのは大変ですよね。私も色々と考え、行動し、ようやく見つけることができました。自分が本当にやりたいことが見つかったからこそ、今楽しく働けています。

振り返ってみると、「考えて行動して」を繰り返したことが良かったと思っています。実現させたいものがあるけど方法がわからない。そこですぐ人に答えを聞くのではなくて、まず自分で考えて手を動かしてみる。その姿勢は仕事でも重要です。これができたら仕事は楽しくなりますし、自分も成長します。良いコンテンツを届けるためには最後の最後まで考え抜くことが必須です。考え抜ける人と一緒に働きたいですね。

学生時代の作品「Sky project」
学部企画ジャン×キャリアアワード最優秀作品

漆谷莉奈 Rina Urushidani

1997年東京都生まれ。多摩美術大学情報デザイン学科卒。2019年サイバーエージェント入社。同年、ゲーム子会社であるグレンジに出向。内定者時代よりアクションゲームアプリ「Kick-Flight（キックフライト）」の開発に携わり、新卒1年目でゲームのUI（ユーザーインターフェース）を全てつくりきる。現在も同サービスの運用にデザイナーとして従事。大学生の頃からインストバンドを組んでいて、夢はフジロックに呼ばれること。

©Grenge,Inc. Kick-Flight™

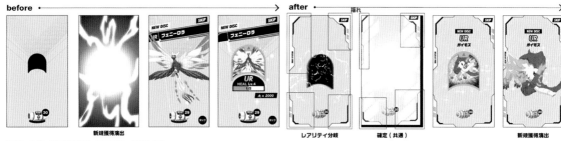

before → after

アクションゲームアプリ「Kick-Flight（キックフライト）」

新規獲得演出　レアリティ分岐　確定（共通）　新規獲得演出

憧れの人を、因数分解。一歩ずつ近づく。

つくっては壊すプロセスが自分に合っていた

　今はUIデザイナーとして働いていますが、実は大学に入るまではUIにはそこまで興味はありませんでした。興味を持ったきっかけは、大学2年生の春に履修した授業。Webデザインや木材の工作など幅広い授業を受ける中で、た

またまUIの授業も受けることにしました。その授業が、私にはとても面白く感じられたのです。まずは自分の思うようにつくって、ユーザーにインタビューをして、その結果を受けてサイトを壊してまたつくって…と、だんだんと正解に近づけていくパズルのような作業が面白かったのです。

　とにかくUIをつくる作業が好きだっ

たので、2年生の秋から、IT系の企業でUIデザインを体験できるインターンシップに数多く参加しました。就職活動というよりは、自分のスキルを高めるためにインターンに行っていましたね。サイバーエージェントのインターンには2回参加しました。

インターンに参加した企業の中でも特にサイバーエージェントに入社したいと思ったのは、「人」が理由です。面接を受ける準備の段階で、「将来どのようなデザイナーになりたいか」を様々な社員にヒアリングしました。すると、分野にとらわれず幅広い案件に携わることを目標にしている方が多かったのです。モチベーションを高く持つ社員が多く、「良い会社だな」と感じましたね。自分自身も幅広くスキルを伸ばし、人としてもさらに成長できるかもしれないと思い、志望度が上がりました。サイバーエージェントからは3年生の夏に内定をいただき、就活を終えました。

抽象的ではなく具体的に。
UIデザイナーだからこそ
意識したいこと

インターン中にお世話になったクリエイティブディレクターに憧れ、その方が率いるゲーム事業部を志望。希望通りの配属でした。今は、ゲーム事業を行っている子会社のグレンジに出向し、UIデザイナーとして働いています。入社してから一貫して「Kick-Flight」というゲームに関わっており、開発や運営を担当しています。チームのメンバーは10人ほどで、その中でもUIデザイナーは私だけ。入社したばかりの頃は、業務量や内容とは別に、予想外の大変さがありました。

UIデザイナーが自分以外にいない環境で、目標は「尊敬するクリエイティブディレクターのような人になること」。目標が大きすぎて全く追いつけるような気がせず、もう無理だと思ったことがありました。当時は、真っ暗なトンネルの中で、いつまでも出口が見えないような状態でした。

部署を越えて、営業などを担当するビジネス職の方に相談したら、目標を具体化し、それにたどり着くための小さな目標を立てるようにアドバイスされました。私の当時の目標は「あの人のようになりたい」という抽象的なものだったので、まず「あの人」って何だろう？ ということを具体化しました。結果、「セクションの垣根を越えて幅広くコミュニケーションを取り、チームやプロジェクトのために主体的に動ける人」という目標に変更することに。これを達成するためには、スキル面・コミュニケーション面・マインド面を分割して成長させることが大事だと考えました。今、私はコミュニケーション面の成長に力を入れています。具体的にやることが決まったため、少しずつではありますが、着実に目標に近づけていると実感しています。

私含めデザイナーは感覚的に物事を捉える人が多いと思いますが、論理的な考え方ができるビジネス職の方からのアドバイスは勉強になりました。

好きを仕事にしていいか悩むも
吹っ切れた

デジタルクリエイティブ領域の良さは、いくつかあります。ユーザーの反応が入ってきやすい点、また、それに応じて速いサイクルで改善できる点などです。改善だけでなく、新しく試したいことも短いスパンで出すことができます。「今」はやっているデザインなどをすぐに反映させ反応が得られることは、やはり面白いですね。

学生の頃から、つくって、意見を聞いて壊して、またつくって…といった情報設計の作業がとにかく好きなので、私にとってはそこがデジタル領域の最も大きな魅力なのかもしれません。今後もUIデザインに関わり続けたいです。インターンを始めたばかりの頃は「好き」を仕事にしていいか悩んだこともありました。好きだからといって自分に向いている仕事かどうかはわからない上に、授業では特に褒められた経験もなかったからです。でも、サイバーエージェントのインターンで賞をいただいたことがきっかけで、「自分はこれでいいんだ」という確信に変わりました。一方で、私の今の弱点はグラフィックデザインだと思っています。この部分を成長させ、さらにスキルアップをするためにも、日頃からアンテナを張ってデザインを学んでいきたいです。

まずは「となりの席の人に
サプライズ」から

この領域で活躍できるのは、ただ単にデザイナーとしての仕事をこなすだけの人ではありません。プログラミングやエンジニアリングなどの幅広い知識を持ち、プロジェクトのために役立てられる人だと思っています。そういった人にはものごとを推進する力が備わっていて、「この人がいたら大丈夫」という安心感がある。

個人的には、「となりの席の人にサプライズできるような人」と一緒に働きたいと思っています。これは私が就活をしている時にグレンジのサイトに書いてあった言葉です。周りの人を幸せにする、誰かのことを考えて動ける人にはぜひこの業界に入ってほしいし、自分もそうなれるように成長したいです。

学生時代に参加したグッドパッチのインターンで制作した
アプリケーション案

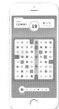

学生時代に参加したサイバーエージェントのインターンで制作した
アプリケーション案

若手クリエイターの就活話を振り返って

ニュータイプな人材たちから私も刺激をいただきました。
全員私にはない武器を持っていて、それぞれリスペクトしています。

全員が、自分だけの旗を掲げている

電通の高橋さん、和田さん、博報堂の石橋さん、髙橋さんのように、
自主プロジェクトを持ち、そこで成果を上げることで、本職の仕事でも独自のポジションで取り組むことができている方々、
サイバーエージェント漆谷さんがゲーム開発のUIデザインを1年目にして全て担当したように
先人がいない場所で打席に立ち続け圧倒的成長を遂げる方、
カヤック奥村さんも同様に、プログラミング経験ゼロからのスタートに関わらず
モックアップをつくって打ち合わせに挑むことで、若くしてプロジェクトをリードするスタイルを見つけた方、
kakeru明円さんのように広告仕事に加えて新しい事業をすることで相乗効果を生み出し
かつ若くからクリエイティブディレクターを名乗ることで経験値の幅と深さをつくり出している方、
電通関西の花田さんのようにSNS文脈を深く理解した上でのプランニングをし、高い成果を出している方、
CHOCOLATE島村さんのように圧倒的な行動力で新しい表現と独自コンテンツを発明していくスタイルでいる方、
THE GUILD小玉さんのように独自なキャリアを積み
デザインとデジタル領域で希少性の高いポジションを築き上げた方。

と、第1章のトップクリエイターに負けず劣らずこちらも多様性に富んでいます。

会社の中でも外でも、創る。その活動は、巡る

彼らの共通項を挙げると、モノづくりが圧倒的に好きで、業務以外の場所でもつくっているということ。

そしてそのプロジェクトが、本職の仕事でより自分が活きる場所をつくることにつながっているということです。

確かに、周りから見て「これが得意分野なんだな」という旗が立ちやすくなるので、

より本人にとってやりたいことや、好きなことに合致した仕事がきやすくなると思います。

また、自分で手を動かすのが好きな人も多い印象でした。

やはりデジタルクリエイティブの特徴の一つにプロトタイピングが挙げられます。

その際に、全てを外部の誰かにお願いするのではなく、

企画した本人が手を動かすことでスピードもクオリティーも上がることにつながります。

また深い理解の上でデジタルプロダクションの方々へお願いができるので、円滑なコミュニケーションが取りやすくなります。

若手に限らずですが、つくり手にリスペクトがあるので各所とフラットに仕事をしている人が多い印象です。

また広告が好きでありながらも、手段としては広告という領域を越えた活動をしている人が多い印象も受けました。

そしてやはり会社ではなく「自分」で勝負したいという気持ちを持っている人がほとんどでした。

自分でつくって発信する意気込みを感じます。

レイさんがおっしゃるリーダーの素質は「自分から動ける人」ですから、ますますうれしいわけです。

未来は明るいなぁ。

DIGITAL CREATIVE

各社クリエイターによる採用の考え方

Stories from Creative Recruiters

電通、博報堂、サイバーエージェント、BIRDMAN、ワントゥーテン、カヤック6社に所属する、採用担当やクリエイターによる各社の採用の考え方に迫ります。それぞれ企業として、どういった人材が求められているのか、真に迫った貴重なインタビューです。

STO ERS

-Inte ↗

P 82_P 89

Yasuharu Sasaki
Tatsurou Miura
Atsushi Nakahashi
Roy Ryo Tsukiji
Yoshiaki Sawabe
Akihito Abe

6 CREATIVE RECRUITERS

DIGITAL CREATIVE

KURIKATSU Second :
A Job Hunting Book for Creators

RECRUIT

RECRUIT

KURI-KATSU

RECRUIT

KURI-KATSU

KURI-KATSU

KURI-KATSU

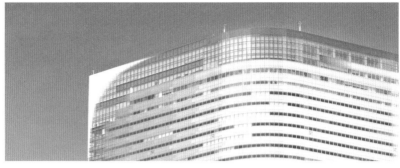

CR計画推進センター
ECD/デジタル・クリエーティブ・センター長

佐々木康晴 Yasuharu Sasaki

dentsu

株式会社電通

大学院にて情報科学を学んだ後、1995年電通入社。コピーライター、インタラクティブ・ディレクター、電通アメリカECD、第4CRプランニング局長などを経て現職。カンヌライオンズ金賞の他、D&AD賞イエローペンシル、クリオ賞グランプリ、One Show金賞などを受賞。2019年カンヌCreative Data Lions審査委員長、2020年D&AD Digital部門審査委員長。2011年クリエイター・オブ・ザ・イヤー・メダリスト。日本で一番ヘタで過激なカヌーイスト集団「転覆隊」隊員。

デジタルクリエイティブ職に求める人物像とは何ですか？

未来がどうなるか、未来をどうしたいかを夢想・妄想し、テクノロジーを上手にそして手軽に使いこなしながら、思い描いた体験を実現させるためなら何でもやってみよう、と企んでくれる人です。

学生時代の活動（作品・研究）のどこを見ていますか？

その作品・研究の内容やクオリティーよりも、「なぜ」それをやりたかったのか、「なにを」変えたいと思っていたのか、そしてそこに向かう「熱意」を見たいと思っています。

作品をつくる、研究するうえでアドバイスをお願いします。

とことん考え抜いて、あれこれ試してみる、人よりたくさん失敗する。それがきっと、皆さんの作品・研究を光らせるのかなと思っています。

面接ではどこを重視していますか？

視点です。正解がすぐには見つからない、難しい問題がたくさんある今、答えを持っているかどうかよりも、色々な角度から物事を俯瞰（ふかん）できる「視点」をしっかり持っているか、そこを見たいです。

学生時代に学んでほしいことは何ですか？

上記にもありますが、とことん考え抜いて、深堀りする体験。何かをとことんやり抜く経験を持っておくと、強いと思います。

学生時代にやっておくべきことはありますか？

なんだかんだいって、学生が持っている一番重要な財産は「時間」です。時間をたっぷりかけて、幅広い好奇心で、色々な体験・経験をしておくことが、あとできっとクリエイティブの仕事に役立つと思います。

就職活動をしている学生へメッセージを。

リモートで、大学生活も、就職活動も、大変だと思います。本当にお疲れさまです。でも、皆さんの「良いところ」は、スクリーン越しでもちゃんと伝わります。自信を持って、がんばってください！

・HAKUHODO・

株式会社博報堂

統合プラニング局
クリエイティブディレクター/チームリーダー

三浦竜郎 Tatsurou Miura

2003年慶應義塾大学環境情報学部卒、同年博報堂入社。広告クリエイティブで培った課題解決力を拡張して、ブランドの転換点をつくり新たな企業文化へ育っていく「構想/発想/実装」を研究・実践している。カンヌライオンズ金賞をはじめとしてフィルム、モバイル、データなど幅広い領域で受賞多数。2017年クリエイターオブザイヤーメダリスト。カンヌライオンズ、ACC TOKYO CREATIVITY AWARDSなどの審査員も務める。博報堂インターンではクリエイティブアイデアサーキット、デザインイノベーションサーキット両コースのリーダーを担当。料理とキャンプが好き。

デジタルクリエイティブ職に求める人物像とは何ですか?

私たちの事業領域は近年大きく拡大しています。みんながワクワクする未来を構想でき、事業課題をあっと驚くアイデアで解決できる人。あたまがやわらかく、クリエイティブとテクノロジー、ビジネスを高いレベルで結合できる人を探しています。そのうえで、デザインイノベーション領域に関してはUXやUI、コードやテクノロジー、社会への展開力といった実装力も欲しいところです。ロジックとマジックを鮮やかに結びつけるデザイナーは、どこにいますか。

学生時代の活動(作品・研究)のどこを見ていますか?

良い作品には人間そのものが表れます。その人にしかない独自の視点があるか。野心的なアイデアがあるか。そのアイデアを美しく定着させるこだわりを持てたか。作品そのものの仕上がりと共に、そうした思考の解像度、作品との向き合い方を見ています。数が多ければ多いほど良いというわけではありませんが、ある程度作品数や幅広さがあると、その人にしかない個性がよりわかります。そんな「作品と作品の間にある何か」も見ていますね。

作品をつくる、研究するうえでアドバイスをお願いします。

一つの作品で得た発見を掘り下げて、色々な作品に展開するという方法もありますが、それだけでは作品と作品が似てしまったり、発想の幅が少なく見えることも多いです。せっかくの学生時代。色々な作品づくりに挑戦し、考える難しさとヒラメキの快感、つくる大変さと成し遂げる喜び、あたらしい自分を発見する嬉しさをたくさん味わってほしいと思います。また、グループで作品をつくることと、個人で作品をつくることには異なる発見があります。両方経験してほしいですね。

面接ではどこを重視していますか?

なにごとにもコラボレーションが求められる会社ですから、まずは自分の考えを自分の言葉で正しく伝えられるか。人の話をバイアスなく聞けるか。ストレスなく会話が弾むか。そういったコミュニケーション能力を見ています。しかしだからといって、ただ面接がうまければいいというわけではありません。会話の向こうに、ユニークだったり、チャーミングだったり、信頼できるといった、一緒に働きたくなっちゃう人間性があるかも見ています。

学生時代に学んでほしいことは何ですか?

既知の技術や知識を学習することも重要なのですが、多くの人がそれにとらわれすぎていると感じます。「経験あるからできる/経験ないからできない」なんて、つまらない理由で可能性を狭めてしまう。自分には、自分が思うより大きな可能性があると信じて、未知に飛び込む度胸をつけてほしいです。今取り組んでいる領域でも、取り組んでいない領域でもいい。わかることではなく、わからないことを大切に。答えではなく、問いを探してください。未知の概念や、異なる価値観に触れ、自分が変わる体験をどれだけできるかが大事です。

就職活動をしている学生へメッセージを。

君たちがつくる時代は、制限のない自由なものだ。何をどんなふうにデザインする? そこからつくってみよう。

**株式会社
サイバーエージェント**

インターネット広告事業本部 ブランドクリエイティブ局
局長/クリエイティブディレクター

中橋敦 Atsushi Nakahashi

2008年にサイバーエージェント入社後、営業を経てクリエイティブ・プランナーへ転籍。2018年より現職。デジタルとフィジカルの融合をテーマとした企画、クリエイティブ開発を得意とする。PARTYとサイバーエージェントの合弁会社であるCYPARのChief Marketing Officerも兼務。2016年からデジタルハリウッド大学・大学院准教授。Instagram主催 Mobile Creative Award2019審査員。NewYorkFestival、AMEaward 2020 Grand Jury審査員担当。主な受賞歴に、スパイクスアジア、アジア太平洋広告祭、ニューヨークフェスティバル、JAA広告賞 消費者が選んだ広告コンクールなど多数。

デジタルクリエイティブ職に求める人物像とは何ですか？

知的好奇心。過去の広告クリエイティブをリスペクトしつつ、変化の先端を走ろうとする気概を持っている人。変化と挑戦を楽しめる人を求めます。

学生時代の活動（作品・研究）のどこを見ていますか？

アウトプットと、そのプロセスを見ています。どのような背景で意思決定して、どのように試行錯誤しながらゴールまでたどり着いたのか。それを重視しています。

作品をつくる、研究するうえでアドバイスをお願いします。

夢中になって突き詰めてみてください。何か小さな奇跡が起きて、大きくジャンプする時があります。

面接ではどこを重視していますか？

知的好奇心、熱意、素直さです。自分の感情にどう向き合っているかを面接では聞いています。

学生時代に学んでほしいことは何ですか？

学生というある意味で無敵な時期に、できることを本気でやりまくってください。行動を通じて学びがあると思います。

学生時代にやっておくべきことはありますか？

学生時代にしかできないことをやってみてください。

就職活動をしている学生へメッセージを。

憧れを否定する。ルールが変わる瞬間は、色々な順番が入れ替わります。過去はリスペクトしても、追い求めるものではありません。全く新しいクリエイティブで突き抜けるために、憧れを否定しよう。

株式会社BIRDMAN®

代表/Creative Director

築地ROY良　Roy Ryo Tsukiji

1973年生まれ。Sydney出身。Installing Crazy Ideas Everywhereというミッションを掲げ、社会や世界を面白くしていきたいと思っている。ソフトウェア/ハードウェアを問わずにあらゆるメディアや手法を駆使して、人を動かすプロジェクトを手がける。デジタルエクスペリエンスの制作を中心として、今まで誰も体験したことがないようなモノ・コトの実現に、常にチャレンジ。BIRDMANは国内外にて400を超えるアワードを受賞。

デジタルクリエイティブ職に求める人物像とは何ですか？

常に先端の技術やテック系の情報に触れているのが好きで、自分でリサーチができて、応用できる力がある人を求めています。

学生時代の活動（作品・研究）のどこを見ていますか？

センスとオリジナリティー。またその制作過程。細かくはデータの名前、フォルダや階層の名前の付け方なども見ます。

作品をつくる、研究するうえでアドバイスをお願いします。

勉強や研究するうえでまねしてみたりする工程は大事ですが、最終的には自分のオリジナルになっていること、オリジナリティーを入れ込むことが大事です。作品によりますが、見ている人にこういう反応をしてほしいや、こう思ってほしいなどを想像しながら制作するのがいいと思います。ユーザーは思い通りには動いてくれるものではないので、そこも計算に入れて制作することが大事です。

面接ではどこを重視していますか？

PASSION - 感性や思い入れをプロジェクトにぶつける、UNLIMITED - 常識も肩書きも、既成概念も飛び越える、CHALLENGE - ひとつのプロジェクトに、ひとつの挑戦を、GROOVE - お互いに触発し、チームで限界を超える。これらの行動指針に共感ができるかを見ています。

学生時代に学んでほしいことは何ですか？

自分が好きなことや、やっていて楽しいことを理解し、自分の好きなことや得意なことを増やすことに勤しんでください。

学生時代にやっておくべきことはありますか？

FacebookやTwitterなど、常にテクノロジーの情報に触れられるようにアカウントやメディアなどをフォローしておくといいと思います。自分が何が好きか好きではないか、なぜ好きなのか好きではないのかを分析すること。凄い！と思ったことを、ちゃんと自分でどうなっているのかを考えたり調べたりしてリサーチして自分の糧にすることを意識してください。

就職活動をしている学生へメッセージを。

自分がつくる全てのモノは、「自分のポートフォリオになる」と思って心がけてください。単純な実験や検証のプログラムでも、自分のポートフォリオに載って人が見るかもしれないという意識でつくることが大事です。

1→10.

株式会社ワントゥーテン

代表取締役社長

澤邊芳明 Yoshiaki Sawabe

XRとAIに強みを持つ、総勢約150名からなる近未来クリエイティブ集団1→10(ワントゥーテン)を率いる。現在は、パラスポーツとテクノロジーを組み合わせた「CYBER SPORTS プロジェクト」や、日本伝統文化をアップデートする「ジャパネスクプロジェクト」を牽引。羽田イノベーションシティでのMRイマーシブシアター「DEJIMA by 1→10」や、前橋市にて知育エンターテインメント施設「ENNICHI by 1→10」、旧芝離宮恩賜庭園や名古屋城でのライトアップイベントなど、エンターテインメントによる地方創生を推進している。また、ソーシャルコマース「ENU」をリリース。伝統工芸作家のマーケティング支援も行っている。

デジタルクリエイティブ職に求める人物像とは何ですか?

たえず手段としての技術を磨くことはもちろんのこと、クリエイティブで何を達成したいのか? について、たえず自問自答できる姿勢を持っている人物です。

学生時代の活動(作品・研究)のどこを見ていますか?

活動の結果を誰にでもわかるように端的に説明できるかどうかです。逆に言えば端的に説明できないものは強度がないと判断しています。

作品をつくる、研究するうえでアドバイスをお願いします。

将来、商業的に活躍したいのであれば、友人に販売できるモノをつくってください。

面接ではどこを重視していますか?

伝えようとする力と伝わっているかを確認する力の二つを見ています。

学生時代に学んでほしいことは何ですか?

抽象度の高い課題を解決しようとする積極性を身につけてほしいです。

学生時代にやっておくべきことはありますか?

身の回りの地域の課題を一つでいいのでクリエイティブで解決するという経験をしてみてください。

就職活動をしている学生へメッセージを。

自分がワクワクすることを社会課題解決のツールとして使う技を身につけてください。もしゲームが好きなのであればゲームでどうしたら課題解決できるか。音楽が好きなのであれば音楽でどうしたら課題解決できるか。それを考えてください。

株式会社カヤック

クライアントワーク事業部
クリエイティブディレクター 兼 事業部長

阿部晶人 Akihito Abe

大阪府出身。電通ではコピーライター、CMプランナーを経て同社初のWebプランナーに。その後オグルヴィ・ジャパンに最年少クリエイティブディレクターとして入社、9年在籍し、2017年に鎌倉の面白法人カヤックにジョイン。現在同社の事業部長をやりつつ、「うんこミュージアム」のクリエイティブディレクションなどを手がける。これまでカンヌライオンズなど数々の広告賞を受賞。またOne Showなどの海外審査員を歴任。仕事の傍ら、全日本剣道連盟の情報小委員会委員長として剣道の普及振興にも尽力している。通勤手段は徒歩（約15分）。

デジタルクリエイティブ職に求める人物像とは何ですか？

デジタルの世界では毎秒新しいものが生まれています。それらに好奇心を持ってアンテナを張り、技術をアイデアにできる人。またはそれがしたい人。デジタルのスキルに精通している必要はないですが、興味を持って動向を見守り、その先の動きを想像力を持って考えられるような人がいいです。

学生時代の活動（作品・研究）のどこを見ていますか？

着眼点と仕上げ方を見ます。つまり入り口と出口です。

作品をつくる、研究するうえでアドバイスをお願いします。

人間について研究していると深みが出るのではないでしょうか？ アーティストになるにしろクライアントの要望に応えるにしろ結局相手は人間です。だから常に自分が心を動かされたもの、美味しかった、うっとりした、涙があふれた、そういった状況になった時、なぜそうなったのかを分解しておくと、小手先ではない心が動く要素が見えてくるのではないでしょうか。

面接ではどこを重視していますか？

バイタリティと透明感。状況に応じて臨機応変に解決していくことが僕らの仕事なので、それができるしなやかさを備えているかどうかを見ています。また、社会人になってから大きく成長するためには純粋な心が必須なので、心の「透明度」も重視しています。カヤックは「何をするかより誰とするか」という言葉があり、人間性を非常に大切にしています。

学生時代に学んでほしいことは何ですか？

どの世界にも上には上がいるということ。何かにどっぷり打ち込むということ。自分なりの視点を持つこと。

学生時代にやっておくべきことはありますか？

たくさん失敗をしておくこと。何をしている時が自分にとって一番楽しい瞬間なのかを見極めること。各界にいる天才たちに出会うこと。できれば何かで世界を目指してみること（些細なことでも良い）。結果、自分の喜怒哀楽の上限値を増やすこと。

就職活動をしている学生へメッセージを。

相思相愛で結実するという意味で、就活は恋愛に似ています。ということは面接は合コンのようなもの。そう思うと何だか楽しくなってきませんか？ それでも就活に疲れたら、鎌倉のカヤックにぶらっと遊びに来てください。コーヒーをご馳走しますよ。

金言の旅のまとめ

金言の旅、いかがだったでしょうか。私が感じたこともまとめてみますね。

人こそ宝。人と出会える限り、僕らの宝探しの旅は続けられる

30人近くの方々の話を聞いて、私は働く楽しみが広がりました。

年齢や社会人年次に関係なく、全員が違う魅力と武器を持っている。

全員が私にとっての先生であり、人材が命のこの業界においてまさに宝です。

もちろん、今回取材できなかった魅力的な方もまだまだいらっしゃいます。

さらに、本書籍シリーズのアートディレクション・デザイン編やプランニング・コピーライティング編に登場している方々、

そして業界に隣接する方々まで視野を広げると、もっと面白い人がいて飽きない。

仕事をする最大の楽しみの一つが、この出会いだと再認識しました。

まだまだ、そんなワクワクする宝探しを続けていきたいと思います。

デジタルクリエイティブは新しい「血」であり「筆」である

BASSDRUM清水さんがおっしゃっていたように、デジタルがインフラになりつつあります。

デジタルといえば、昔はPC画面越しの世界というイメージでした。

しかし今では、誰もがスマートフォンを持ち歩き、街はセンサーやカメラにあふれ、

家でもスマートスピーカーをはじめ家電のIoT化が進み、

どこにいてもデジタルとつながっています。そこには無限の可能性があります。世界をつくっている血液のような存在。

そこをフィールドにできるということは、広告という枠を超えて企業や社会を巡り歩くことができます。

向き合うクライアントの担当者も宣伝部だけではなく、R&Dの研究者であったり、

新規事業部のビジネスプロデューサーであったり、ベンチャーの経営者であったり、仕事相手も多様です。

プロトタイプをつくってからクライアントを探すスタイルもありえるので、

自分自身が誰かのクライアントになることだってあります。

新しい開発ツールやプラットフォームも日々生まれています。

そんな最先端な「筆」を握りしめて作品づくりをする中で独自の表現スキルも身につきます。

アーティストとして活躍し始める人も増えるでしょう。

事実、以前は広告会社の社員はカンヌライオンズなどの国際広告賞への応募や参加が
一つの大事なアウトプットとインプットの場でした。
しかし、今ではSXSW、CES、アルスエレクトロニカ、
Tech Open Air、ミラノサローネへの出展など活躍の場が広がっています。

消えずに「残る」モノづくり

そしてインフラのような存在のデジタルクリエイティブは、
「残るモノづくり」「根付くモノづくり」にも転じていきます。
前述のアウトプットの中でも、プロダクトや施設、街づくり、サービスなど、
広告領域以外の制作物が増え、重要度がますます高まっている。
データやAIなど長期的に扱うことで真価を発揮する領域と、クリエイティブが近づいたことも理由の一つでしょう。
昨今、世界中で力を入れているデジタルトランスフォーメーション領域も経営的な視点とビジョン、
企業文化や社員の行動に根付くまでの中長期的な取り組みが必須です。

打ち上げ花火のような短期的な仕事のインパクトや美しさもすてきですし、
ずっと残ることで本当に私たちの生活に影響を与えてくれる仕事も魅力的です。
ライゾマティクス真鍋さんと話した時の「短距離走と長距離走」の話に通じます。
どちらも経験することで、各領域をリスペクトし、それぞれが進化したりします。
短距離と長距離、モノづくりをする学生の皆さんにも好みがあるはずと思います。
一歩踏み出せば、自分がハマりそうな領域がどこかに見つかるのではないでしょうか。

時代が示す「可変なもの」と「不変なもの」

今っぽいテクノロジー、デザイン、今の空気を捉えたコピー（言葉）、
そういったものは時代に合わせて変わり続けています。
一方で、いつの時代も家族は大切だし、諦めず努力する人は応援したくなるし、初めて見るものには感動する。
人の本質は変わりません。

アートでもコピーでもデジタルでも、

職種に限らず「何が可変で不変（普遍）なのか」を見極めて生活することは大事なポイントです。

インタビューを通して、

多くの人が「一緒に働きたい人はどんな人ですか？」への返答に、

スキルよりも人間性を求めたことに通じるかもしれません。必要なスキルは変わる。

けれども、必要とされる人の資質はそう変わりません。

熱中できる人、他人を思いやれる人、約束を守る人、感謝をする人。

そして、人の心に向き合う仕事である以上、人間を好きな人は向いていると思います。

読者の皆さんも、自分が今まで生きてきた中で変わることのなかった価値観を見つけてみてください。

未来が読めない時代だからこそ、未来を選ぶ際のヒントは自分の中にしかないのかもしれません。

私の場合は、就職活動の際に人生を振り返ってみるとやりたいことは変わってきた。

でも、人間として好きな人は変わらなかったし、人との出会いでブレイクスルーすることが圧倒的に多かった。

だから出会いにあふれている環境に入ることが、ベストな選択だと信じることができました。

そして、事実、間違っていませんでした。

世界の景色が多様になる、幸せな仕事

自信を持って言えることは、この仕事は幸せな仕事だということです。

なぜなら、クライアントの商品や社会に光を当てる仕事だから。

それらの嫌なところを指摘して終わりの仕事ではありません。

一番輝けるであろうポテンシャルを探し出し、そこを全力でクライアントと一緒に伸ばし、

全力でピカピカに磨く仕事です。

自然と、人の良いところを見つけることが得意になります。街の見え方も変わってきます。

日本のことだって、世界の見え方だってそう。新入社員の頃より確実に世界を味わえる人間になっています。

読者のあなたもきっと、世界中のポテンシャルに気づく楽しい人生になることは保証します。

似た話で言えば、私は学生の頃にバンドをしていて気づいたことがあります。上手ではありませんでしたが（笑）。
最初は楽器ができないからボーカルをしていました。
しかし、楽器の知識がないとメンバーと会話ができないため、ギターを始めたのです。
すると、他のアーティストの楽曲を聞く際に歌詞を追っていた自分が、ギターも意識するようになるわけです。
この曲はギターのリフがカッコいい。そんな感じで同じ曲を２倍楽しめる。
ギターができるとベースも気になってきます。ベースができると同じリズム隊のドラムも聴くようになる。
そうして、同じ曲を過去の４〜５倍も楽しめるようになる。

電通のＯＢ訪問をする中で、「あれ、広告の仕事って、楽器で感じたことと同じだ。
さらに楽器と違って、担当した仕事の数だけ無制限に楽しさが広がるのでは？」そう考えるようになりました。
私は入社直後に女性の脱毛サービスを担当しました。
それまで全く気にかけなかった電車の脱毛広告が目に入るようになったし、
女性特有の悩みや課題を学ぶので、女性への理解が以前より深まったように思います。
自動車メーカーの担当になれば、車に乗らない生活だったのに街中の販売店が気になってくるし、
駐車場や通りすがりの車を見て楽しむようになりました。
飲料メーカーを担当してからは、毎日通うコンビニやスーパー、飲み会の場でも
今までは見逃していたような小さな発見と出会いがあり、生活がより面白くなりました。

これからもずっと、世の中を見る角度が増え、世界の解像度も上がっていくでしょう。
多くのモノや人を愛せるようになるでしょう。
そんな眼差しとテクノロジーの掛け算で、新しい景色とワクワクをつくっていく。
困っている人の悩みが解決されて、社会をちょっと良くしていける。
とっても幸せな仕事だなと、改めて思っています。

KURIKATSU Second

『クリ活2』編集長 インタビュー／座談会

Interview & Roundtable Discussion by Chief Editors

3人の編集長によるインタビューと座談会です。インタビューでは、各編集長の赤裸々な就活話を掲載。座談会では、様々なクリエイターの方々との貴重な話や、印象深いフレーズなどを共有しました。デジタルクリエイティブ編以外でどういった話があったのかなど、ぜひご覧いただければと思います。

INTERV ... DITORS

-Inter
-Works
-Stude

Yoshiyuki Imoto
Noriaki Onoe
Atsushi Otaki

3 CHIEF EDITORS

DIGITAL CREATIVE

クリ活編集長就活話 Q&A

アートディレクション・
デザイン編
井本善之

プランニング・
コピーライティング編
尾上永晃

デジタル
クリエイティブ編
大瀧篤

ずっと残る仕事がしたい。
死ぬ間際に、自分がつくったモノで
孫が楽しんでいる未来を目指している。

家族の影響で自然と理系へ

井本:双子だと聞きましたが、どんなふうに育ったのですか?

大瀧:双子の弟がいるのですが、勉強の成績も足の早さもバレンタインでもらったチョコレートの数も、周囲から何でも比較されて。小さい頃は「双子」であることが嫌になったりもしました。僕らも毎日喧嘩ばかりで、何事もお互いに負けたくない。公文式で勉強をしていた時には、進み具合を競っていたせいで、小学6年生にして高校の数学が半分以上終わったほどです。唯一良かったことですね(笑)。

　そんな兄弟仲に変化があったのは、中学入学の時です。弟が突然、「一緒の部活に入ろう」と誘ってきたのです。せっかく双子に生まれたのだから、ダブルスのあるスポーツを一緒にやってみないか、と。僕

は幼稚園の頃から水泳を続けていたので、中学でも継続するつもりでした。ただ、「双子を活かせるスポーツ」という説明を聞いてなるほどと思ったので、一緒にテニスを始めました。最終的には地元・山形の県大会準優勝と東北3位になり、何より兄弟仲も改善されました。

　高校でも弟と一緒にテニスを組みたいと思い、同じ学校に進学します。ここでも県大会で準優勝になり、部長を務めて勉強そっちのけで練習メニューを毎日考えるくらい、力を入れて取り組んでいました。しかし、顧問の先生の指導方針と考えが合わず、当時は大分悩みました。ただ、人生で大切なことをたくさん教えていただき、精神的にタフになりましたね。

尾上:そんな体育会系な少年が、理系を専攻したきっかけが気になりますね。

大瀧:医療・介護の仕事をしていた母の影響で、小さい頃から医療分野に興味を持っていました。また父が公務員で街づくりにも憧れがありました。公文式で数学の貯金が数年分あったので、自然と理系を選択していましたね。ただ、部活に力を入れていたため、本格的な受験勉強を始めたのは3年生の秋から。志望校を悩む時間はない状態でした。家庭の経済状況的に、国立大はマスト条件。かつ、僕の希望としては東京で多くの情報に触れたい。そこで、同じテニス部で尊敬していた先輩が通っていた電気通信大学を目指すことを決め、その中でも幅広く情報系の学問を学べる人間コミュニケーション学科を受験しました。目標が決まってからは猛烈に追い込んで、合格。東京での学生生活が始まりました。

井本:人間コミュニケーション学ではどのようなことを勉強したのですか?

大瀧:人間のコミュニケーションに関わるテクノロジー全般を学びました。通信、基盤、プログラミング、映像などを一通り学び、興味ある分野の研究室で深めるという流れでした。ただ、研究室を選ぶタイミ

ングでは、自分が将来やりたいことなんて変わるだろうと感じていました。そこで「この人に教わりたい」と思えた教授を第一に選び、結果としてAIと宇宙を研究することに。人気の研究室だったので、滑り込むことができて良かったです。

研究室では宇宙で使用するロボットや小型衛星、AIの研究をしました。大学4年生の時、ローバーという衛星探査車をロケットで打ち上げて性能を競う大会に出場して、世界第7位に入賞することができました。所属研究室にとって過去にない快挙で、「続ければもっと上を目指せるのではないか」と思うように。当時就職活動して内定もいただきましたが、大学院への進学を決め、開発に没頭します。修士1年の時に、念願の世界大会優勝を果たしました。

**宇宙とAIの研究をするうちに、
「人」の面白さを感じた**

井本:すごいな、世界1位！？

尾上:でもそこからどうして広告に興味を持ったのでしょう？

大瀧:きっかけは二つあります。一つ目は国際宇宙会議での経験です。世界中の宇宙関連機関や企業、大学が研究の発表を行う大きな会議があるのですが、JAXAの学生枠で会議に出席し、世界に向けてプレゼンをする機会がありました。プレゼンを聞いてくれた人たちが「この仕組みを取り入れたい」「いいね！」などと反応をくれることが嬉しかったのです。正直、自分が手を動かしてローバーをつくっている時以上の楽しさがありました。また、現地の子どもたちに宇宙

科学教室を開いた時も、専門用語が一切わからない子どもたちに、どうしたら伝わるのかを考えました。この経験から、技術をつくるだけではなく、それを必要とする人に「届ける」ことも面白いと思うようになりました。

もう一つは、自分の研究がきっかけです。AIを使って人の交渉力を鍛える研究をしていました。被験者実験として友人を呼んで個室に入ってもらい、メッセンジャーで数字を送り合って1万円を分け合うゲームをしてもらいます。分け合う金額を交渉するのです。ただ、人間同士の交渉だけではなく、交渉相手として僕の開発したAIを混ぜ込む。被験者にはそれを秘密にした状態でゲームをしてもらい、終了後にアンケートを取ります。そうすると、「あいつとはもう仲良くできない」や「おとなしそうに見えて、自分が損しそうになると全部交渉を破綻させる」など、色々な反応が見られたのです。これがとても面白い。AIをつくっていく以上に、人間の心理や行動に興味を持ちました。ずっと技術に向き合い続けるのではなく、より人間寄りのモノづくりをしたいと思うようになりました。

尾上:就活はいつ始めたのですか？

大瀧:当時は修士1年の冬には本格的に動き始めないと遅い、といったスケジュール感でした。ただ、自分の研究や大会の準備に夢中になっていたため、就活の準備はできていませんでした。広告会社のことを知ったのは、たまたま学校に講演に来ていた、当時電通の社員だった大学OBの話を聞いたからです。その方から仕事の話を聞いた時に、広告業界であれば、「人に伝える」「人間寄りのモノづくり」ができるかもしれないと、興味を持ちました。

井本:本番の選考も広告業界に絞って受けたのですか？

大瀧:そういうわけではありませんでした。周りから出遅れており、企業や業界探しをする暇もなかったので、気になる企業は幅広く応募しました。広告以外には、大手の通信業界やIT業界、人材系やコンサル企業などから内定をいただきました。技術系企業においては、「課題解決の際、この会社の技術しか使えないことは、自分にとって今後苦しくなるのではないか」とインターンシップなどで感じ取れたので辞退しました。

電通を選んだ理由は、なかのかなさん（32ページ参照）が手がけた「iButterfly」などデジタル領域で新しいコミュニケーションを開発していたり、新しいメディアをつくったり、良い意味で「広告業界」であることを裏切られたからです。広告ってこんなこともアリなんだ！ と新鮮に感じ、入社を決めました。

尾上:内定は複数もらっていたのですね。就活のコツを聞きたいです。

大瀧:何を聞かれるかわからない面接になると嫌だったので、あえて自分が話すことに穴をつくるようにしていました。電通の面接でも、「宇宙とAIの研究をやってきました」と言って、肝心なところは言わない。そうすると、「それでどうして広告業界を志望しているの？」と絶対に聞かれますよね。自分が得意なフィールドで話せる構造の面接にしていました。

広告会社の面接でよくある「どんな広告が好きか」という質問には、理系ならではの視点で答えました。テレビを探しに家電量販店に行くと、商品の差別化ができていなかった。でも、その中で目を引いたのは、

常に僕らは双子らしく、同じ服で、同じことをしていました（笑）。

次第になんでもライバル時代へ。公式式で飛び級をしまくります。

中学からテニスでダブルスを組むように。勉強そっちのけ時代。

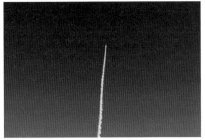

大学院まで進学。月面探査などに使われるローバー開発の世界大会に出場。米国の砂漠でロケットを飛ばしていました。

無事に世界一位になり、JAXAと共に国際宇宙会議へ。NASAの人たちの前でプレゼンを経験。
AIを活用した戦略的人材育成システムの研究もしており、米国での学会発表やジャーナル掲載など達成。奨学金も免除になりました。

「世界の亀山」モデルのテレビでした。広告に唯一、このテレビをつくった人たちのストーリーが描かれていたのです。今の時代、スペックにほぼ差がないことは、僕自身がモノづくりをしてきてわかっていました。だからこそ、つくり手の顔が見える独自のストーリーで勝負する「世界の亀山」モデルの広告に惹かれると話しました。

誰の代わりにもならない
仕事をしたかった

井本: なるほど。テレビの売り場に目をつけるのは、他の人にはない切り口ですね。実際入社してみてどうでした?

大瀧: 初配属はプロモーション局でした。最初の2年は正直、自問自答を繰り返した時期でしたね。当時は日々の企画や実施に加えて、見積もり制作や膨大な売り上げ登録システムの設定作業、契約書処理に追われる日々で、これがやりたいんだっけ? と。ただ、高校時代の部活で鍛えたメンタルで、乗り越えられました。そして振り返ると当時は戦略PRやイベントの現場を担当することが多かったため、その知見は今かなり役立っています。

　転機となったのは、入社以来担当していた「キリン アルカリイオンの水」のプロモーションです。ゴクゴクマというキャラクターやそれにひもづくコンテンツをつくりました。今でもペットボトルのラベルなどに「ゴクゴクマのゴクヒ情報」が載っていて、使用され続けています。この仕事を通して、やはり残るものっていいなと思うようになりました。さらに、「キリンのやわらか天然水」という商品の立ち上げにも携わり、オフィスや部屋に溶け込むデザインの段ボールやペットボトルのパッケージをつくったことも、大きなきっかけです。この経験で「自分はクリエイティブをやりたいんだ」と、はっきりわかりましたね。

　それが入社3年目の終わり。しかしその年は、クリエイティブ職へ転局するための試験が実施されなかったのです。そこで、次の年の試験突破を目指して、1年間でクリエイティブを勉強しました。宣伝会議の講座をはじめ、映像ディレクター向けの塾なども通いましたね。通い始めたばかりの頃は、学生にアイデアで負けることも多く、電通の社員だと名乗ることも恥ずかしかった。しかし、そこで諦めるわけにはいきません。講座の先生が「人生に番狂わせを起こそう。逆転したほうが楽しい」と言ってくれたことを励みに、必死に学びました。お陰で翌年に開催された試験で、合格しました。

井本: 学生時代に世界一になったのに、新人時代はかなり苦労していたんですね。転局してからはどうですか?

大瀧: 入社5年目でクリエイティブ職に異動でき、そこからの仕事はずっと楽しいです。コピーの仕事も1年間やっていましたが、まだ先人がいない領域の仕事をしたいと思い、得意分野のイベントやテクノロジーを活かした企画をするようになりました。転局直前、入社4年目の時に取り組んだ、人気ゲーム『アサシン クリード ユニティ』の発売記念イベントとして行った「AKIBA STEALTH」もそのきっかけの一つです。誰かの下ではなく、自分のプロジェクトとして結果を出すため、同期だけでチームをつくりました。このイベントはアジア太平洋広告祭2015モバイル部門で受賞できました。ゲームファンも喜んでくれて、いまだにSNSなどで「またやってほしい」といった投稿を見かけることもあります。この経験から、画面越しの人より目の前の人が喜んでくれることが好きだと理解します。そして、クリエイティブ職に異動してからも体験型のテクノロジーで旗を立てたい、と思うようになりました。当時はあまりそういったことをしている人が社内にいなかったこともあります。自分のところに自然と仕事が集まり、早くからリーダーを任されるようになりました。

　一方、親身になって相談に乗ってくれる

先輩から「転局組は賞味期限がある。転局から3年以内に賞を取ったり、コンペで勝ったりしないといけない」というアドバイスをいただいて、誰が見てもわかりやすい結果を出さねばと奮起します。異動したその年に国際広告賞AD STARSのヤングコンペで受賞し、他にもクリエイティブディレクター（CD）として競合コンペで勝つことはできたのでそこは達成。また、翌年には主要な海外広告賞を取ると決め、リーダーとして開発した2作品「トントンボイス相撲」と「reFUNbilitation Clinic」で世界三大広告賞のカンヌライオンズやクリオ賞、One Showをはじめ海外賞を一通り受賞できました。そこでやっと、クリエイティブをやっていくための免許をもらったと感じました。

それ以降は、純粋に自分がすべきと思ったことをしています。「誰か一人でも救えるような、社会的意義があるもの」、そして「残るもの」などです。父や親戚の建築家の影響もあり、施設をつくる仕事は挑戦したいと思っていました。2019年、「日本オリンピックミュージアム」でやっと一つ達成することができ、嬉しかったですね。特に体験型コーナー「オリンピックゲームス」のCDとして、全コンテンツや空間設計まで担当したので、思い入れがあります。ローンチまでに3年近くかかり、さらにオープンした後の今でも展示物修理のため、定期的に通っています。来場した人たちが楽しそうな姿を見て幸せを噛みしめ

ています。

自分のように同じことを飽きずに長く続けることが好きな人は、広告業界ではややレアな気がします。僕がゆるスポーツの新種目を開発し続けているのも、永続的に残るモノづくりが好きだったから。僕が死ぬ時に、自分がつくったモノで孫が遊んでいるとか、自分が関わった建物に行って楽しんでくれるとか。そうなったら理想です。トントンボイス相撲は、製品化も実現しました。双子の弟の息子たちが遊んでいるのを見て、嬉しかったです。母の介護福祉の職場でもリハビリとレクリエーションを兼ねて使ってくれて、感無量な気持ちになりました。今後も、モノをつくり、使ってもらい、育てることを続けていきたいです。

熱中できることが最も重要

井本:目標に決めたことを実現させる力がすごい。

尾上:「実現男」だ…。そんな大瀧さんから見て、この業界に向いているのはどういう人だと思いますか？

大瀧:僕は、自分は不器用なタイプだと思っています。スロースターターで、会社の同期と比べても出遅れました。でも、やり抜く力だけは誰にも負けないものがあっ

たのだと思います。2019年に担当した、国立競技場オープニングイベントの演出仕事で、帰り道に上司から「大瀧君、この仕事向いているよ」と言っていただいたこと、また別の上司が「大瀧君は丁寧さと粘りがすごい」と言っていたと伝え聞いたことで、初めて自分の強みを認識できました。目の前の仕事に全力で取り組んだことでやっと発見できたわけです。

学生の皆さんも、今の時点で自分の得意領域を見つける必要はありません。武器は後々つくればいい。それよりも、根本的な自分のエンジンをつくるべく、とにかく「熱中」する体験をしてほしいです。

クリエイティブディレクターで、現在は東京芸術大学で教鞭もとられている佐藤雅彦さんの言葉に「僕が教育をやっているのは、ステュディオスを教えたいから」というものがあります。ステュディオスとは、ラテン語でスタディの語源。熱中して何かをする、モノをつくる、学ぶという意味です。「熱中して何かすることが本来の学びだから、それを教えたい」と。僕はこの言葉に共感します。

だから、学生の皆さんには何か熱中できることを見つけてほしい。これまで続けてきたことと、将来やりたいことが全く違う内容でも、気にせずに目指してほしいです。一度熱中した感覚があれば、後の人生においてもテーマが何であれ、深いレベルでやり遂げることができるはずです。

日本オリンピックミュージアムの体験型空間「オリンピックゲームス」の開発

NTTの最新テクノロジーで新しいバレエを演出

声でプレイする「トントンボイス相撲」やオンラインで運動する「ARゆるスポーツ」の企画開発

通信で世界3都市をつないだ国立競技場オープニングイベント「ONE RACE」の演出

編集長座談会

―これからのクリエイター―

『クリ活2〜アートディレクション・デザイン編〜』編集長の井本さん、『クリ活2〜プランニング・コピーライティング編〜』編集長の尾上さん、『クリ活2〜デジタルクリエイティブ編〜』編集長の大瀧さんと編集長3人が集い、座談会を実施しました。様々なクリエイターに会って感じたことから、これからの広告業界やクリエイティブ職はどうなるの？といった未来予想まで、語り合いました。

井本：取材をたくさんして、印象に残った人が多くいたと思います。大瀧さんどうでしたか？

大瀧：デジタルクリエイティブ編で取材した皆さん全て印象的でしたが、直近で取材させていただいたライゾマティクスの真鍋さんの一言が記憶に残っています。「次々に出てくるテクノロジーの新しさを追っていく中で疲れて立ち止まる瞬間ってありますか」と聞いたら、「そうならないように常に、自分が新人でいられる場所を持っておく」と答えてくれました。例えば日本だと第一人者扱いをされてしまうから、自分のことを知らない人も多い海外の展示会仕事にあえて身を置くそうです。そこでは新人としての作業もすることになる。新人の初心と緊張を常に持つことで、走り続けられると。僕らのように、ある程度仕事をしてきた人間にとってもすごく参考になる話でしたし、学生の皆さんにとっても勇気をもらう言葉なのではと思います。

尾上：プランニング・コピーライティング編では、ほとんど全員にトラウマがあるのが特徴的でしたね（笑）。過去にあった何か嫌なこと、学生時代パッとしなかったことを払拭するために、今頑張ってやっているという話が多かったです。

井本：アートディレクション・デザイン編も、本当に皆さん個性がバラバラで、全ての話が印象的でしたね。活躍されているアートディレクターの皆さんのお話はもちろん、特にロバートの秋山さんの企画方法を伺えたり、予備校時代の後輩でもある漫画家のかっぴーの話が聞けたのは、就活本としてはレアな人選で自分もワクワクしましたね（笑）。

大瀧：井本さんは2013年発刊の『クリ活1』から携わっていますよね。時代の変化なども含めて前回との違いはありましたか？

井本：1の時よりも、クリエイターの方々がどういうことを考えてモノづくりをしているか、どのような人生を経てセンスや感覚を形成したのかなど、就職活動以外にも突っ込んだ話を聞けたのは良かったですね。結局、一周回ってその話一つひとつが就活にも関わってきたりします。

単純に「アートディレクター」の幅も7年前と随分変わって広がった印象があります。ジャンルの違う色々な人に話が聞けたのはすごく良かったですね。学生の方々も幅広く参考になりそう。

特に時代の変化を感じたのは、Takramの田川さんやデザインシップの広野さんに出ていただいた点。クリエイターでありながらビジネスパーソン。新しい次元でアートを武器にしたクリエイターという感じでした。世の中の潮流も、アート思考がビジネスに入り込んでいく流れになってきているので、その先頭を走っている人の話を聞けたのは新鮮でした。

佐藤可士和さんも、前回に比べさらにビジネス領域にアップデートしていましたね。アートディレクターが経営者と対等に話すためには、自分が独立して経営者の気持ちを理解することがコツ、みたいな話があり、興味深かったです。

尾上：TBWA\HAKUHODOに所属しながらNEWSという会社を立ち上げられた梅田さんも同じことを言っていました。自分で事業をやっている感覚がないと経営者と対等に話せない。今は事業を立ち上げるコストも下がってきているので、こういった人は増えるだろうと。自身で起業し体験したり学んだりしたことをお互いの業務に活かす、という考えみたいです。

一方でブルーパドルの佐藤さんは、副業などがきっかけになってもっと色々なジャンルを越境するクリエイターが増えると、面白いことが起きるはずと話していました。アイデアは違うものがぶつかった時に生まれますし、『クリ活3』がもし今後発刊されるなら、農家や公務員などとの兼業クリエイターが誌面に並んでいるかもしれませんね。

井本：兼業クリエイター、面白いね。確かに別で1冊つくれそう！

大瀧：デジタルクリエイティブ編は転職している方が多く、その話を聞くのは新鮮でした。海外だと転職のペースは今回話を伺った方々の平均では3年から5年ほど。僕みたいに10年も同じ会社にいるのはレアということになりますね。

現に、この本の原稿をまとめるタイミングで新しいフィールドに転職された方もいました。長年、R/GAのNY本社でNikeの「FuelBand」の開発をはじめとする多くのプロジェクトでクリエイティブテクノロジストとして活躍されてきた富永さんです。学生時代、ファッションとイラストの勉強をしていて、海外でジョブチェンジが当たり前な世界で働いていたら、いつの間に

かデザインもできるし、コーディングもできるようになって…今では色々と任されるようになったと。ソフトウェア開発の世界で用いられる「アジャイル（状況の変化に応じながらも俊敏な対応）」という言葉で話されていましたが、まさにアジャイルにキャリアアップをされていました。

尾上：広告業界は、応用が利く業界だという話は僕も聞きました。入社して最初に、とにかく様々なクライアントや仕事を担当するじゃないですか。あれもやってこれもやってと。普通だと一つのことを突き詰めていくもの。だから、そこで身についたものはその後どこに行っても役に立つ。就活時に何をやるか悩んだら、まずは広告業界でいいなんて話も。明確にやりたいことがないんだったら、ファーストキャリアとして適していると思います。

井本：飽きないですよね。僕はもう13年、新卒から電通だけど、一つの会社にいる感じがしない。

広告業界の人たちも、自分からやりたいことを発信していく人が増えてきた気がします。そんな中で、全く違う業界にいる芸人のロバート秋山さんから話を聞いたのは面白かったです。まさに自分でゼロからアイデアを出す人。そういう人の話を聞いて、能動的なモノづくりのマインドを持つきっかけになればいいなと。あの人ほどのアイデアマンって、本当になかなかいないと思うし、クリエイターとして輝いている。

ロバート秋山さんの話は独特で、ネタのつくり方が面白かった。小さい頃から「変な遊び」を考えることが好きらしいです。

そういう「遊びのストック」を、まずとにかく集める。それを番組の特性に合わせて3分に収めたり、コントにしたり、遊びのまま出したり。みんな、お題を出されて、「さ、考えなくちゃ」となるけど、それだと自分のやりたいことができない。まずは自分の好きなことを貯めることが大切だと話してくれました。

大瀧：デジタルクリエイティブ編にも通じますね。自分でつくることが好きな人がいっぱいいて、普段、自主制作やチーム内でのアイデアの種づくりをしていて、何かお題が来たら、それを仕事に取り込むぞ！という人が多かったです。3人ほど例を挙げます。まず、BIRDMANのCTOであるコバヤシタケルさんは「今、最も興味があるテクノロジーを持っておく」ことで、お題が来た時にパッと提案できるし実ることが多いと。さらに好きなことなので、より前のめりに仕事に取り組むことができると話してくれました。

電通の保持さんは、Honda Internaviのチームで「こういうデータを使った表現があるよ」といった情報をメンバーの職域を超えてシェアし合いながら、みんな違う角度から考えを持ち寄って貯めておいた。そして、チャンスが来て、「Sound of Honda / Ayrton Senna 1989」で実ったそうです。

WOWの森田さんも近い話をしていましたね。エンジニアチームを中心にSlackで使いたい技術や機器の情報をシェアし合っている。表現に使えそうなネタをみんなで出し合う。そして、それをクライアントワークやオリジナルワークに利用してしまう。

大瀧：共通して、佐藤雅彦さん（編注：元電通のクリエイティブディレクター。現在は東京藝術大学で教鞭をとる）とユーフラテスチーム（編注：慶應義塾大学佐藤雅彦研究室の卒業生からなるクリエイティブグループ）が大事にしているという、「表現以前」を貯めていくという話に通じるなと思いました。今は表現をしていない学生でも、仮説をストックし、試したいと思う研究気質な人は、この仕事に向いているかもしれません。

尾上：自分も面白いネタを見つけた時は共有したいタイプです。あの人だったらどんな反応をするかな？というのをうかがいたいからです。チームでも視座を揃えるために、仕事に関係するニュースをよく

共有しています。

井本：みんなで情報を共有して高め合う。そういうことをどのチームでもできたらいいですね。

尾上：ポルトガルに美食の街として有名なサンセバスチャンという街があって。街中は星付きのレストランばかりなのです。理由はレシピを共有し合って、みんなで高め合って良い品を出しているからだそうです。まさにそういうチームができるといいですよね。

大瀧：デジタルの世界にも、ソースコードを公開して「自由に使ってね」というオープンソース文化があります。コラボレーショ

ンを促す土壌ができているのはすてきなところだなと。そういったプラットフォームや思想を広告業界にもインストールしていけたらいいなと思いますね。

尾上：今後はデザインができて、プログラミングもでき、さらには、企画も考えられる。そんなハイブリッド人材が増えていくはずです。そんな人がアートにもデジタルにもプランニングにも進みたいけど迷っているとしたら、何を決め手に進む道を選べばいいのでしょうか？

大瀧：そういう人、これから増えそう。どんな領域でもハマる人。実際に、最近の若手社員もそういった人材が増えている印象があります。

Yoshiyuki Imoto

> どんどん各自が
> 領域侵犯し合っていくと、
> もっと面白くなっていきそうです。

井本：ハイブリッド人材は今後絶対的に需要がありそうですね。Takramの田川さんもそういう人がほしいと言っていました。ハイブリッドな人がどういう道に進むべきなのかは、結局その人が何を軸にしたいか、によると思います。肩書きをどうしたいか、みたいな。どうであれ、どこに入っても需要はあると思う。ポジションが2個以上ある人。

大瀧：「越境」ですね。軸となる領域を持ちつつ、別の領域へ広げていく。
　デジタルクリエイティブ編では、会社の仕事と自分の制作活動を並行してやりたいという人もいました。例えば、アーティスト活動をしながら働きたいから、この業界が良いと思って入ったという人も。若

手の方々は特に、外での活動が回り回って本職でのクオリティーアップや他の人材との差別化につながっていると感じている人が多かったように思います。私自身も、「世界ゆるスポーツ協会」でのスポーツ制作が広告仕事にも活きているので、実感できました。

尾上：プランナーは個人で、制作活動している人は少なかったですね。仕事の幅がどんどん広がって、満足できているのかもしれない。プランナーはどこででも活躍できるジョーカーみたいなものだから。
　コピーライターの方々にも取材しました。コピーライターといっても、いわゆるコピーのみではなく、言葉を軸に、方向をまとめ、運動をつくっていく、企業のど真ん中の課

題を解決する人。コピーライターで今トップクリエイターになっている人は、みんなその技能を持っているように思えます。年齢を重ねるとコピーライターはやれることが増えるのだなと希望が湧きました。

大瀧：課題やプロセスが複雑になってきた昨今、「あそこに向かうぞ」と示せる人が以前にも増して求められていますね。

尾上：あ、それ秋元康さんも言っていた。クリエイティブディレクターに必要な能力とは、全員が森に放り出された時に、「あっちだ」と自信を持って進んで行くこと。合っているかどうかではなく。自信がなくても歩く。間違っていたらその都度変える。そのほうが、結局出口を見つけるの

普段では絶対出会わない面々が
チームを組むようになると面白いですね。

が早いという話です。その道標となるのが、アート・デザインなのか、コード・テクノロジーなのか、言葉・企画なのか、そこで分かれるのだと思います。

井本： そういう意味ではアートディレクター出身のクリエイティブディレクターってまだまだ少ないんですよね。でも本当は尾上さんが言ったようにアート指標でクリエイティブディレクションはできるはず。佐藤可士和さんが最大の成功事例ですが。
　onehappyの小杉さんも、ワンビジュアルでチームをグイッと引っ張れる人。クリエイティブディレクターとしての仕事もこれからどんどん増えそうに感じました。仕事の進め方も興味深くて、とにかくロゴやビジュアルをスピーディーにつくってチームに速攻で共有して、ビジュアルで会話する。その度にこまめにクライアントともやりとりして、クライアントを巻き込んで一緒にモノづくりする。そんな変則的な進め方みたいで。まあ小杉さんからしてみれば、これは数ある進め方の一例だとは思いますが。とはいえ、そのやり方はクライアントの意見も都度聞けるし、迷子にならない。そしてより一層強固なチー

ムになれる。小杉さんはコミュニケーション能力が超高いけど、そうではないアートディレクターも、ビジュアルで会話してクリエイティブディレクションしていく、という意味では、色々な人にとって参考になる気がしました。

大瀧： デジタルもそれに近いですね。プロトタイプをつくってしまって、さわり心地とか使い勝手とか、みんなで一緒に体験して、お互いにワイワイ言い合って高めていく。そして、それを制作チームだけでなくてクライアントも一緒になることでワンチームなモノづくりに発展させることが最大のポイントです。フラットに、全員仲間という感じが重要です。

井本： そういえば、デジタル畑の後輩Eが、試行錯誤こそが一番大事で、アイデアを出した人が一番偉いみたいな広告業界の文化はクソだって言っていた話がすごく好きで（笑）。一番時間のかかっているデザイン定着やプロトタイプ開発をしている人と、最初に企画した人が並列に評価されるような流れにしたいと。その話を聞いた時に、なんかすごくいいなと思いましたね。

大瀧： それはありますね。デジタルクリエイティブの特徴って、実装までにアイデアも技術もみんなで乗せまくっているから、最終的にはいい意味で誰のアイデアかわからなかったりします（笑）。チーム全員がそれぞれオンリーワンな武器を持って戦っているので、誰が偉いとかではなく、リスペクトし合っている文化だなと。メインボーカルがいるバンドというより、みんなで即興を楽しむジャズのセッションというイメージに近いかもしれないですね。

井本： チームで一つのことをつくり上げるっていいな、と思う。それが僕らの仕事の最高の喜びなのかもしれないですね。

尾上： 実際こんな感じで話をしていて、アイデアって出てきたりしますね。それがこの業界の醍醐味。この考え方、この仕事の仕方がもっと広まるといいですね。
　そして『クリ活』を通して、普通では絶対出会わない経歴（各々の経歴はそれぞれのクリ活をチェック！）の面々が出会って、チームで何かを目指す。そんなことが起きると面白いですね。

自分なりの武器で
「あそこに向かうぞ」を示せる人が、
より必要な時代だと思います。

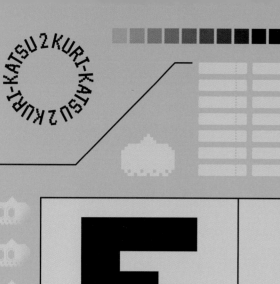

企業紹介

A List of Creative Companies

これまでデジタルクリエイティブの話をしてきましたが、最後に広告業界全体に目を向けてみましょう。どこの会社がどんな広告をつくっているかわからない…。ほとんどの方がそうだと思います。名前はそんなに知られていなくても、すてきな作品をつくっている会社はたくさんあります。そういった会社を皆さんに知っていただくきっかけとなれば幸いです。

A LI   IES

-Conta
-Chara
-Works

LIST
LIST
LIST
LIST

P 104 P 119

212 COMPANIES

CREATIVE COMPANIES.

KURIKATSU Second :
A Job Hunting Book for Creators

DIGITA CREATIVE KURIKATAU Second

| 128 pages |

株式会社スコープ

address:〒102-0071 東京都千代田区富士見2丁目10番2号 飯田橋グラン・ブルーム28階
URL:www.scope-inc.co.jp/　mail:s-saiyo@scope-inc.co.jp　tel:03-3556-7613　fax:03-3556-7630

設立:1989年4月1日　資本金:3500万円
売上高:161億円(2020年3月期)　代表:横山 繁
社員数:241人(2020年4月現在)　平均年齢:41才
クリエイター数:81人(2020年4月現在)

スコープはセールスプロモーション(SP)を中心に企画・制作・運営を行う総合広告会社です。小売チェーンや商業施設、メーカー企業(食品・日用品・自動車)など、大手企業をクライアントに消費者に近い様々なプロモーションを提供しています。

アリオ スイッチだらけのゴールデンウィーク/
株式会社セブン&アイ・クリエイトリンク/
インストア・プロモーションの企画・実施

WOWOW本社 WALLART/
株式会社WOWOW/
オフィスデザイン

Calbee 大収穫祭2018/
カルビー株式会社/
売場販促物・告知パッケージ制作・景品
製造・DM・告知動画・事務局運営など

株式会社伝創社

address:〒160-0023 東京都新宿区西新宿1-24-1 エステック情報ビル19F
URL:www.densosha.com/　mail:saiyo@densosha.com　tel:03-5381-2001　fax:03-5381-2002

設立:1978年　資本金:1億2000万円
代表:東 侯弥　社員数:23人　クリエイター数:5人

創立から40年、様々な業界・業種の企業広告・CI・ブランディングをはじめ、メディアプラン、商品広告・販促、Web、映像、イベント、広報活動などすべてを提供しています。お客様の利益に貢献することを第一に考え、実行する体制が構築されています。

三菱UFJ銀行/
WIREDタイアップ

アルプスアルパイン/広告デザイン

MTコスメティクス/sweetタイアップ広告

フェロールーム株式会社

address:〒160-0004 東京都新宿区四谷3-12 フロンティア四谷4F
URL:www.fellowroom.co.jp/　mail:info@fellowroom.co.jp　tel:03-3355-7110　fax:03-3355-7112

設立:1960年　資本金:2200万円
売上高:16億円(2019年8月決算)
代表:太田 哲史　平均年齢:38才
社員数:70人　クリエイター数:40人

自動車メーカー「SUBARU」の広告を中心に制作しています。マーケティングや商品カタログ、SP、PR誌、Webなど幅広く制作。代理店を通さないクライアントとの直取引。

SUBARU/商品カタログ「LEVORG」

SUBARU/ポスター「SUBARU XV」

SUBARU/PR誌「カートピア」

ウルトラスーパーニュー株式会社

クリエイティブ
エージェンシー

address:〒150-0001 東京都渋谷区神宮前1-1-3
URL:ultrasupernew.com　mail:mail@ultrasupernew.com　tel:03-6432-9350

設立:2007年1月16日　資本金:1000万円
売上高:6億2860万円(2019年6月決算)
代表:村上 智一　平均年齢:33.6才
社員数:24人　クリエイター数:16人

グローバルブランドのお仕事に国際色豊かな職場環境で携われること。公用語は英語です。また、シンガポールと台湾にも拠点があるため、現地との交流、プロジェクトが日常だったり海外出張の機会もあります。弊社1Fではアートギャラリーも運営しております。

ウーバーイーツ/テレビCM
(錦織圭&クッキー!/黒柳徹子&小松菜奈/
阿部寛&山田孝之)

タバスコ/
ソーシャルメディア用
コンテンツ制作全般

SKYNコンドーム/
東京レインボープライドイベント用
ブースデザイン(コンドーム試着室)

株式会社ダイナマイト・ブラザーズ・シンジケート

クリエイティブ
エージェンシー

address:〒107-0062 東京都港区南青山2-24-15 青山タワービル14F15F
URL:d-b-s.co.jp　mail:saiyo@d-b-s.co.jp　tel:03-6804-5250　fax:03-3401-7144

設立:1999年　資本金:1000万円
代表:野口 孝仁　社員数:31人
クリエイター数:23人　平均年齢:32才

創業より「エル・ジャポン」「GQ japan」「Milk japon」「東京カレンダー」「FRaU」「美術手帖」などを手がける。現在では雑誌制作の発想やノウハウを活かし、企業ブランディング、商品開発や事業開発、Web制作など活躍の場を拡大。

玉川高島屋S.C「Live in Tamagawa」/
Webサイト

星野リゾート/デジタルプレスキット

Jurlique/Webサイト

株式会社アクアリング

デジタル
エージェンシー

address:〒460-0008 愛知県名古屋市中区栄3丁目19-8 栄ミナミ平和ビル7F
URL:www.aquaring.co.jp　mail:recruit-info@aquaring.co.jp　tel:052-249-7700　fax:052-249-7750

設立:2000年　資本金:2500万円
代表:茂森 仙直　社員数:83人
クリエイター数:74人　平均年齢:35.3才

大手企業を中心に、デジタルを起点とした課題解決に欠かせないパートナーとして、コミュニケーション戦略やブランディング領域において、主に「UX/UIデザイン」「Web・デジタル領域の開発」によりクライアントを支援しています。

中部国際空港 セントレア/Webサイト

デンソー/Webサイト

日本財団「子どもサポートプロジェクト」/Webサイト

株式会社ジーピーオンライン

デジタル
クリエイティブ
制作会社

[大阪]address:〒530-0004 大阪府大阪市北区堂島浜2丁目2-28 堂島アクシスビル3F　tel:06-6343-9363　fax:06-6343-9364
[東京]address:〒150-0041 東京都渋谷区神南1-6-6 OZAWA BUILDING5F　tel:03-6416-0916　fax:03-6416-0917
URL:www.gpol.co.jp/ mail:recruit@gpol.co.jp

設立:2001年　資本金:4000万円
代表:豊永 豊　平均年齢:30.9才
社員数:70人　クリエイター数:15人

私たちジーピーオンラインは、今年創業20周年を迎えるWebの企画・制作会社です。大手の広告会社やメーカーとの取り引きが多く、企業のブランドサイトやプロモーションサイト、数万人の会員数を誇るWebサービスの開発など、多種多様なプロジェクトを手がけています。

Peach Aviation株式会社/採用サイト

HondaJet Japan/ブランドサイト

辻調グループ/学校案内サイト

株式会社クラフトワールドワイド

総合制作会社

address:〒107-0062 東京都港区南青山1-1-1 新青山ビル東館
URL:www.craftww.com/　mail:contact@mccannwg.co.jp　tel:03-5414-5651　fax:03-5414-5652

設立:2001年6月1日　資本金:1000万円
代表:嶋田 仁　社員数:40人
クリエイター数:20人　平均年齢:38才

米国マッキャンワールドグループ傘下の制作会社です。グローバルクライアントの日本での広告展開や、日系得意先の国内外広告制作など幅広い業務機会があります。アジアや欧米の同僚と制作プロジェクトを進めたり、グローバル業務を経験する機会も豊富です。

東レ株式会社/ブランディング広告

株式会社モスフードサービス/店頭広告

日の丸交通株式会社/リクルート広告(ポスター)

クリエイティブコミュニケイションズ株式会社レマン

総合制作会社

address:〒150-0002 東京都渋谷区渋谷1-19-25
URL:www.cc-lesmains.co.jp/　mail:info@cc-lesmains.co.jp　tel:03-3407-1013　fax:03-3407-1598

設立:1978年　資本金:4800万円
代表:大橋 清一　社員数:104人
クリエイター数:91人　平均年齢:38.1才

「コミュニケイションを、お客様と共に考え、創造する」を理念に、独立したクリエイティブ・カンパニーとして活動。Webデザイナーは、デジタル領域における戦略の策定からWebサイトやECサイト、LP、広告などの企画制作まで、幅広い領域を担当しています。

本田技研工業
Honda e　Webサイト

SECOM　YouTube「守りたい」篇

RICOH　PENTAX　ブランドムービー

株式会社ステッチ

address:〒102-0083 東京都千代田区麹町3-3-8
URL:stitch.co.jp/　tel:03-3511-2777　fax:03-3511-2788

設立:1997年　資本金:1000万円 売上高:5億1000万円(2020年3月決算) 代表:細谷 洋平　社員数:49人 クリエイター数:21人　平均年齢:33.5才	Webサイト、広告、映像、デジタル施策などメディアの枠にとらわれずに企画・制作を行っています。

株式会社ルミネ/Webサイト　スポーツジム ジェクサー/Webサイト　2020年度グッドデザイン賞受賞
　　　　　　　　　　　　　　　　　　　　　　　　　　　　　　　　　みまもりレシート

株式会社日本デザインセンター

address:〒104-0061 東京都中央区銀座4-9-13 銀座4丁目タワー
URL:www.ndc.co.jp/　mail:recruit@ndc.co.jp　tel:03-6264-0301　fax:03-6264-0309

設立:1959年12月26日　資本金:4500万円 売上高:57億362万円(2020年6月決算) 代表:原研哉　社員数:268人 クリエイター数:189人　平均年齢:41.1才	ものごとの本質を見極め、目に見えるかたちにする。日本デザインセンターは「VISUALIZE」という職能で、価値創造に貢献していく会社、クリエイターが生み出すクリエーションを資本とする会社です。

Muji掃除キャンペーン　　LINNE LENS　　Osaka Metro

株式会社ハウラー

address:〒107-0052 東京都港区赤坂2-8-11 第11赤坂葵ビル2F
URL:howrah.co.jp　mail:info@howrah.co.jp　tel:03-5797-7244　fax:03-5797-7245

設立:2002年　資本金:1000万円 代表:阿倍 克英　社員数:正社員6人/契約社員数4人 クリエイター数:6人　平均年齢:34才	教育関連を軸に、幅広いクリエイティブを展開。官公庁、地方自治体など公共機関の実績が多数あります。デザイナー、コピーライターともに戦略立案、創作アイデア起草まで、クリエイティブ全般に従事しています。

教育機関の広報プロモーション　医療機関の広報プロモーション　官公庁、地方自治体などの広報プロモーション

株式会社フラッグ

address：〒150-0011 東京都渋谷区東1-29-3 渋谷ブリッジ6F
URL：www.flag-pictures.co.jp/　mail：job@flag-pictures.co.jp　tel：03-5774-6398　fax：03-5468-5284

設立：2004年　資本金：2400万円
売上高：31.5億円(2019年9月決算)
代表：久保 浩章　社員数：202人
クリエイター数：159人　平均年齢：33.2才

プランニング×クリエイティブ×プロモーションで多様な課題を解決するデジタルエージェンシーです。オンラインコミュニケーションを強みとしたクリエイティブ事業・プロモーション事業、さらには映画配給宣伝事業・グローバル事業などを展開しています。

デジタルプロモーション全般/
Netflix/Web

Beauty of line
(BOVA2016準グランプリ・ADFEST2017
ブロンズ 受賞)/パイロットコーポレーション/Web

有田プロレスインターナショナル/
自社企画・製作/Amazon Prime Video

株式会社アクロバット

address：〒150-0002 東京都渋谷区渋谷1-4-12 富田ビル6F
URL：www.acrobat.co.jp　mail：info@acrobat.co.jp　tel：03-5464-3981　fax：03-5464-3982

設立：2000年　資本金：1010万円
売上高：3億6300万円(2020年1月決算)
代表：杉谷 一郎　社員数：25人
クリエイター数：24人　平均年齢：35才

マス広告を中心に、グラフィック・Web・動画をワンストップで展開する広告制作会社です。お客様は、広告代理店各社と直クライアント各社。多種多彩なクリエイティブを手がけています。

たなかいも/キービジュアル

ニューオークボ/
ポスター

マテリアプリマ/パッケージ

Desired Line Studio デザイアドライン株式会社

address：〒166-0003 東京都杉並区高円寺南4-7-13 第二久万乃ビル2階
URL：www.desiredline.jp　mail：info@desiredline.jp　tel：03-5913-7075

設立：2011年　資本金：500万円
売上高：6600万円(2020年7月時点)
代表：堤 謙大郎　社員数：5人
クリエイター数：5人　平均年齢：32才

和気あいあいとした雰囲気で、ベテランADにも気軽に相談ができ、ブラッシュアップしてもらえることで新入社員でもデザインが採用されやすいです。またクライアントとの直接取引が多いので、アイデアを提案できたりとデザイナーとして楽しめる事が多いです。

hierbas/ポスター

Expotion/パッケージ

TUFF VINYL/Webサイト・ロゴ作成

株式会社スパイスボックス

address:〒106-0032 東京都港区六本木1-4-5 アークヒルズ サウスタワー17階 WeWork内
URL:www.spicebox.co.jp/　hr@spicebox.co.jp　tel:03-3583-5361　fax:03-3583-5362

設立:2003年　資本金:2億2143万円
代表:田村 栄治　社員数:79人
クリエイター数:13人　平均年齢:30.1才

ブランドと生活者のエンゲージメントを育むコミュニケーションカンパニー

清水建設/SNS企画「シミズ・ドリーム」

日清製粉グループ/
Web動画「おいしい共同生活」

NHK・民放ラジオ101局/
SNSキャンペーン「#このラジオがヤバい」

ゲンスラー・アンド・アソシエイツ・インターナショナル・リミテッド

address:〒107-0062 東京都港区南青山2-11-16 METLIFE青山ビル2F
URL:www.gensler.com/offices/tokyo　mail:career-tk@gensler.com　tel:03-6863-5300

設立:1993年　代表:日本における代表者
サラ・ベイダー 松下 千恵
社員数:90人(2020年6月現在)
クリエイター数:80人　平均年齢:38才

ゲンスラーは世界50か所で事業を展開する世界最大級のデザイン設計会社です。従来の
建築設計の枠を超え、コンサル、ブランディング、DXDなど、幅広い業務を提供。様々な
分野のエキスパートたちが集い、世界中の空間に新しい価値や感動を創り出しています。

Gensler Tokyo オフィス

Gensler Tokyo プロジェクト
(Accenture Innovation Hub)

Gensler Global プロジェクト
(Zhuhai Huace International Plaza)

株式会社アイ・アンド・キューアドバタイジング 〒460-0008 愛知県名古屋市中区栄3-17-15 エフエックスビル 5F・6F tel:052-251-1550　広告会社	**コモンズ株式会社** 〒160-0002 東京都新宿区四谷坂町12-21 tel:03-5366-1930　広告会社
株式会社I&S BBDO 〒104-6038 東京都中央区晴海1-8-10 晴海トリトンスクエアX tel:03-6221-8585　広告会社	**The Breakthrough Company GO** 〒106-0032 東京都港区六本木3-17-10 ROPPONGI DUPLEX TOWER 2F　広告会社
株式会社朝日広告社 〒104-8313 東京都中央区銀座7-16-12 G7ビル tel:03-3547-5400　広告会社	**株式会社CIRCUS** 〒106-0041 東京都港区麻布台1-5-9 55-1 麻布台ビル tel:03-6277-7418　広告会社
イー・エム・シー株式会社 〒103-0027 東京都中央区日本橋2-13-10 日本橋サンライズビル 6F tel:03-3275-2333　広告会社	**株式会社三晃社** 〒460-0002 愛知県名古屋市中区丸の内3-20-9 tel:052-961-2211　広告会社
株式会社インフロント 〒103-0023 東京都中央区日本橋本町1-9-13 日本橋本町1丁目 ビル 10F　tel:03-6214-1100　広告会社	**サントリーマーケティング＆コマース株式会社** 〒104-6231 東京都中央区晴海1-8-12 晴海アイランドトリトン スクエアオフィスタワーZ 31F　tel:03-3533-8911　広告会社
株式会社ADKホールディングス 〒105-6312 東京都港区虎ノ門1-23-1 虎ノ門ヒルズ森タワー tel:03-6830-3811　広告会社	**JR九州エージェンシー株式会社** 〒812-0011 福岡県福岡市博多区博多駅前3-2-1 日本生命博多 駅前ビル 3F　tel:092-481-5890　広告会社
株式会社エヌケービー 〒100-0006 東京都千代田区有楽町1-1-3 東京宝塚ビル tel:03-3504-2100　広告会社	**株式会社ジェイアール東海エージェンシー** 〒108-0075 東京都港区港南2-1-95 JR東海品川ビルB棟 7F tel:03-6688-5018　広告会社
エム・エム・エス・コミュニケーションズ株式会社 〒160-0016 東京都新宿区信濃町35 信濃町煉瓦館 4F tel:03-5361-2750　広告会社	**株式会社JR西日本コミュニケーションズ** 〒530-0003 大阪府大阪市北区堂島1-6-20 堂島アバンザ 8F tel:06-6344-5138　広告会社
株式会社クオラス 〒141-6007 東京都品川区大崎2-1-1 ThinkParkTower 7F tel:03-5487-5001　広告会社	**株式会社ジェイアール東日本企画** 〒150-8508 東京都渋谷区恵比寿南1-5-5 JR恵比寿ビル tel:03-5447-7800　広告会社
株式会社グレイワールドワイド 〒150-0013 東京都渋谷区恵比寿1-23-23 恵比寿スクエア 7F tel:03-5423-1712　広告会社	**株式会社JTBコミュニケーションデザイン** 〒105-8335 東京都港区芝3-23-1 セレスティン芝三井ビルディング 12・13F　tel:03-5657-0600　広告会社
株式会社京王エージェンシー 〒163-0867 東京都新宿区西新宿2-4-1 新宿NSビル 23F tel:03-3348-8610　広告会社	**株式会社真和** 〒110-0005 東京都台東区上野5-15-14 ONEST上野御徒町ビル tel:03-3831-7717　広告会社
株式会社ケー・アンド・エル 〒102-0083 東京都千代田区麹町4-8 麹町クリスタルシティ東館 8F tel:03-3263-2996　広告会社	**株式会社ストリームス** 〒112-0014 東京都文京区関口1-23-6 プラザ江戸川橋 310 tel:03-5227-5561　広告会社
廣告社株式会社 〒160-8441 東京都新宿区新宿3-1-24 京王新宿三丁目ビル 5F tel:03-3225-0061　広告会社	**セーラー広告株式会社** 〒760-8502 香川県高松市扇町2-7-20 tel:087-823-1155　広告会社

マルエトーワ株式会社	広告会社
〒542-0081 大阪府大阪市中央区南船場4-2-4 日本生命御堂筋ビル 5F　tel:06-6243-5600	

株式会社明治アドエージェンシー	広告会社
〒151-0063 東京都渋谷区富ヶ谷1-5-1 tel:03-3469-2131	

株式会社メトロ アド エージェンシー	広告会社
〒105-0003 東京都港区西新橋1-6-21 NBF虎ノ門ビル tel:03-5501-7831	

株式会社横浜メディアアド	広告会社
〒221-0052 神奈川県横浜市神奈川区栄町5-1 横浜クリエーションスクエア 4-5F　tel:045-450-1815	

株式会社ライツアパートメント	広告会社
〒108-0073 東京都港区三田1-4-1 住友不動産麻布十番ビル 4F tel:03-5444-6606	

りえぞん企画株式会社	広告会社
〒101-0054 東京都千代田区神田錦町3-15 NTF竹橋ビル 4F tel:03-3282-9614	

株式会社ワイデン＋ケネディ トウキョウ	広告会社
〒153-0051 東京都目黒区上目黒1-7-13 tel:03-5459-2800	

I&CO Tokyo	クリエイティブエージェンシー
〒150-0033 東京都渋谷区猿楽町17-10 代官山アートビレッジ 3F TOKO	

株式会社アンティー・ファクトリー	クリエイティブエージェンシー
〒150-0036 東京都渋谷区南平台町17-13 ヴァンヴェール南平台 2F tel:03-6809-0218	

株式会社ium	クリエイティブエージェンシー
〒151-0053 東京都渋谷区代々木5-66-6 ライムオフィスビル 2F/3F	

株式会社インパクトたき	クリエイティブエージェンシー
〒450-0002 愛知県名古屋市中村区名駅4-2-28 名古屋第二埼玉ビル 2F　tel:052-583-1666	

株式会社エードット	クリエイティブエージェンシー
〒150-0046 東京都渋谷区松濤1-5-3 tel:03-6865-1320	

株式会社EPOCH	クリエイティブエージェンシー
〒150-0012 東京都渋谷区広尾1-5-8 tel:03-5778-4367	

株式会社ENJIN	クリエイティブエージェンシー
〒154-0004 東京都世田谷区太子堂4-1-1 キャロットタワー tel:03-5787-0061	

株式会社kiCk	クリエイティブエージェンシー
〒107-0052 東京都港区赤坂8-5-32 TanakaKoma Bldg. 6F tel:03-6434-7217	

株式会社Que	クリエイティブエージェンシー
〒106-0032 東京都港区六本木 4-1-25 R4 tel:03-6277-7945	

株式会社Creative Project Base	クリエイティブエージェンシー
〒105-0021 東京都港区東新橋5-9-4	

株式会社THE GUILD	クリエイティブエージェンシー
〒107-0062 東京都港区南青山6-11-9 VILLA SK 4F	

株式会社THE GUILD STUDIO	クリエイティブエージェンシー
〒151-0053 東京都渋谷区代々木5-66-6 ライムオフィスビル 2F/3F	

株式会社SIX	クリエイティブエージェンシー
〒107-0062 東京都港区南青山6-3-16 A-FLAG美術館通り 2F tel:03-3406-5266	

Studio Kawashima	クリエイティブエージェンシー
〒153-0051 東京都目黒区上目黒1-13-14 Reve中目黒 2F tel:03-6264-6771	

株式会社大伸社	クリエイティブエージェンシー
〒542-0076 大阪府大阪市中央区難波5-1-60 なんばスカイオ 17F tel:06-6976-5550	

株式会社Takram	クリエイティブエージェンシー
〒150-0001 東京都渋谷区神宮前5-7-4 穂田今泉ビル tel:03-5962-7733	

CHOCOLATE	クリエイティブエージェンシー
〒150-0001 東京都渋谷区神宮前5-46-12 CHOCOLATE STUDIO	

株式会社トリプルセブン・クリエイティブストラテジーズ	クリエイティブエージェンシー
〒151-0063 東京都渋谷区富ヶ谷1-49-21-1708 tel:03-5738-7765	

株式会社パーク	クリエイティブエージェンシー
〒107-0061 東京都港区北青山3-10-6 第二秋月ビル 4F tel:03-6883-3172	

PARTY 〒150-0033 東京都渋谷区猿楽町17-10 代官山アートビレッジ 3F TOKO	クリエイティブ エージェンシー
株式会社博報堂ケトル 〒107-6322 東京都港区赤坂5-3-1 赤坂Bizタワー tel:03-6441-4501	クリエイティブ エージェンシー
株式会社ブルーパドル 〒158-0094 東京都世田谷区玉川2-21-1 二子玉川ライズ・オフィス 8F カタリストBA	クリエイティブ エージェンシー
株式会社マスクマン 〒106-0032 東京都港区六本木5-18-23 INACビル 3F tel:03-6869-1370	クリエイティブ エージェンシー
株式会社monopo 〒150-0001 東京都渋谷区神宮前5-6-5 Path表参道 A棟 3F tel:03-3400-6996	クリエイティブ エージェンシー
株式会社れもんらいふ 〒150-0002 東京都渋谷区渋谷3-25-10 小池ビル 2F tel:03-6418-9301	クリエイティブ エージェンシー
Whatever 〒106-0032 東京都港区六本木7-2-8 WHEREVER 7F tel:03-6427-6022	クリエイティブ エージェンシー
株式会社ADDIX 〒102-0073 東京都千代田区九段北4-2-1 市ヶ谷東急ビル 5F tel:03-6427-7621	デジタル エージェンシー
アライドアーキテクツ株式会社 〒150-0013 東京都渋谷区恵比寿1-19-15 ウノサワ東急ビル 4F tel:03-6408-2791	デジタル エージェンシー
アンダス株式会社 〒810-0021 福岡市中央区今泉1-20-2 天神MENTビル 9F tel:092-720-5055	デジタル エージェンシー
SMN株式会社 〒141-0032 東京都品川区大崎2-11-1 大崎ウィズタワー 12F tel:03-5435-7930	デジタル エージェンシー
株式会社エフアイシーシー 〒107-0052 東京都港区赤坂3-11-3 赤坂中川ビルディング 2F tel:03-6427-1324	デジタル エージェンシー
株式会社カラック 〒107-0052 東京都港区赤坂2-14-27 国際新赤坂ビル 東館15F tel:03-6229-0869	デジタル エージェンシー
株式会社サイバー・コミュニケーションズ 〒104-0045 東京都中央区築地1-13-1 築地松竹ビル tel:03-6837-6011	デジタル エージェンシー
株式会社サイバーエージェント 〒150-0042 東京都渋谷区宇田川町40-1 Abema Towers tel:03-5459-0202	デジタル エージェンシー
株式会社CyberZ 〒150-6121 東京都渋谷区渋谷2-24-12 渋谷スクランブルスクエア 23F tel:03-5459-6276	デジタル エージェンシー
GMO NIKKO株式会社 〒150-0043 東京都渋谷区道玄坂1-2-3 渋谷フクラス tel:0120-25-0047	デジタル エージェンシー
株式会社ソニックジャム 〒107-0062 東京都港区南青山2-20-4 SAT-1ビル tel:03-5414-6141	デジタル エージェンシー
株式会社D2C 〒104-0061 東京都中央区銀座6-18-2 野村不動産銀座ビル tel:03-6226-8900	デジタル エージェンシー
株式会社D2C R 〒104-0061 東京都中央区銀座6-18-2 野村不動産銀座ビル tel:03-6226-8920	デジタル エージェンシー
株式会社デジタリフト 〒106-0031 東京都港区西麻布4-12-24 興和西麻布ビル 7F tel:03-6434-9896	デジタル エージェンシー
トランスコスモス株式会社 〒150-8530 東京都渋谷区渋谷3-25-18 tel:050-1748-0307	デジタル エージェンシー
ネットイヤーグループ株式会社 〒104-0061 東京都中央区銀座2-15-2 東急銀座二丁目ビル tel:03-6369-0530	デジタル エージェンシー
株式会社ビットエー 〒141-0031 東京都品川区西五反田1-1-8 NMF五反田駅前ビル 7F tel:03-5422-7922	デジタル エージェンシー
株式会社フォースリー 〒153-0042 東京都目黒区青葉台4-7-7 住友不動産青葉台ヒルズ 8F tel:03-5452-4933	デジタル エージェンシー
ベースドラム株式会社 〒106-0032 東京都港区六本木7-2-8 WHEREVER 6F	デジタル エージェンシー

株式会社ラクーンホールディングス

〒103-0014 東京都中央区日本橋蛎殻町1-14-14

tel:03-5652-1692

デジタル
エージェンシー

アドブレンド株式会社

〒939-8094 富山県富山市大泉本町1-4-14 パレット大泉 3F

tel:076-481-6657

デジタル
クリエイティブ
制作会社

株式会社アナグラムワークス

〒550-0002 大阪府大阪市 西区江戸堀1-10-2 肥後橋ニッタイビル 8F

tel:06-6448-3333

デジタル
クリエイティブ
制作会社

株式会社イークリエイト

〒450-0002 愛知県名古屋市中村区名駅3-3-2 志摩ビル 7F

tel:052-589-4555

デジタル
クリエイティブ
制作会社

株式会社一星企画

〒103-0011 東京都中央区日本橋大伝馬町14-15 7F

tel:03-5847-1870

デジタル
クリエイティブ
制作会社

株式会社イメージソース

〒150-0045 東京都渋谷区神泉町5-2 塩入小路 1F

tel:03-5459-6464

デジタル
クリエイティブ
制作会社

エイトビー株式会社

〒450-0002 愛知県名古屋市中村区名駅3-25-9 堀内ビル 9F

tel:052-414-7731

デジタル
クリエイティブ
制作会社

株式会社オムニバス

〒153-0043 東京都目黒区東山1-4-4 目黒東山ビル 3F

 tel:03-5725-8317

デジタル
クリエイティブ
制作会社

株式会社カケザン

〒104-0061 東京都中央区銀座6-18-2 野村不動産銀座ビル

デジタル
クリエイティブ
制作会社

株式会社カヤック

〒248-0012 神奈川県鎌倉市御成町11-8

tel:04-6761-3399

デジタル
クリエイティブ
制作会社

株式会社キャンバス

〒939-8204 富山県富山市根塚町1-1-4 ASNビル 2F

tel:076-461-6615

デジタル
クリエイティブ
制作会社

株式会社クリエル

〒812-0016 福岡県福岡市博多区博多駅南1-2-3 博多駅前第一ビル 7F

tel:092-292-7427

デジタル
クリエイティブ
制作会社

株式会社 Qosmo

〒153-0051 東京都目黒区上目黒1-13-14

tel:03-6455-2560

デジタル
クリエイティブ
制作会社

株式会社サービシンク

〒160-0022 東京都新宿区新宿1-10-3 太田紙興新宿ビル 6F

tel:03-6380-6022

デジタル
クリエイティブ
制作会社

株式会社サイクロン・クリエイティブ

〒150-0002 東京都渋谷区渋谷2-2-5 クルスビル 4F

tel:03-6418-3915

デジタル
クリエイティブ
制作会社

サムライト株式会社

〒100-0011 東京都千代田区内幸町1-1-6 NTT日比谷ビル3F

tel:03-6550-8907

デジタル
クリエイティブ
制作会社

株式会社サンカクカンパニー

〒151-0051 東京都渋谷区千駄ヶ谷4-28-4 KSビル 8F

tel:03-6658-5428

デジタル
クリエイティブ
制作会社

株式会社ZIZO

〒550-0003 大阪府大阪市西区京町堀1-17-16 京町堀センター
ビルディング 10F・06-6110-5180

デジタル
クリエイティブ
制作会社

株式会社シフトブレイン

〒107-0062 東京都港区南青山2-19-14

tel:03-6300-0461

デジタル
クリエイティブ
制作会社

株式会社TAM

〒530-0053 大阪府大阪市北区末広町3-7

tel:06-6311-7727

デジタル
クリエイティブ
制作会社

株式会社ツードッグス

〒150-0021 東京都渋谷区恵比寿西2-4-5 星ビルディング 8F

tel:03-6416-1993

デジタル
クリエイティブ
制作会社

株式会社D2C dot

〒104-0061 東京都中央区銀座6-18-2 野村不動産銀座ビル

tel:03-6226-8930

デジタル
クリエイティブ
制作会社

株式会社テクノモバイル

〒107-0062 東京都港区南青山7-1-5 コラム南青山 5F

tel:03-6450-6040

デジタル
クリエイティブ
制作会社

株式会社デパート

〒141-0031 東京都品川区西五反田7-9-2 KDX五反田ビル 4F・5F

(総合受付) tel:03-6420-3175

デジタル
クリエイティブ
制作会社

株式会社ニューロマジック

〒104-0045 東京都中央区築地6-16-1 築地616ビル 3F

tel:03-3248-1424

デジタル
クリエイティブ
制作会社

株式会社博報堂アイ・スタジオ

〒100-0006 東京都千代田区有楽町1-10-1 有楽町ビルヂング

tel:03-5219-7150

デジタル
クリエイティブ
制作会社

株式会社バスキュール

〒105-6002 東京都港区虎ノ門4-3-1 城山トラストタワー 2F
tel:03-5733-5811

デジタル
クリエイティブ
制作会社

株式会社ビーンズ・クリエイティヴ・ディレクションズ

〒939-8081 富山県富山市堀川小泉町655-7
tel:076-421-1371

デジタル
クリエイティブ
制作会社

株式会社ビジネス・アーキテクツ

〒108-0014 東京都港区芝5-13-18 いちご三田ビル 6F
tel:03-6453-6260

デジタル
クリエイティブ
制作会社

株式会社ピラミッドフィルム クアドラ

〒108-0023 東京都港区芝浦2-12-16 6F
tel:03-5476-4745

デジタル
クリエイティブ
制作会社

株式会社マイティ・マイティ

〒107-0062 東京都港区南青山4-15-5
tel:03-5770-5870

デジタル
クリエイティブ
制作会社

株式会社マックスマウス

〒107-0052 東京都港区赤坂4-2-19 赤坂SHASTA・EAST
tel:03-5797-8760

デジタル
クリエイティブ
制作会社

株式会社MONSTER DIVE

〒107-0062 東京都港区南青山1-26-1 寿光ビル5F
tel:03-6447-0091

デジタル
クリエイティブ
制作会社

株式会社ユーティックス

〒103-0012 東京都中央区日本橋堀留町1-3-21 サンヨー堂日本橋
ビル 3F　tel:03-3662-7760

デジタル
クリエイティブ
制作会社

株式会社ユニコン・アド

〒101-0051 東京都千代田区神田神保町1-44-14 イッカクビル
tel:03-3292-2391

デジタル
クリエイティブ
制作会社

株式会社ライゾマティクス

〒150-0011 東京都渋谷区東2-27-7 恵比寿東ハイツ第2 1F
tel:03-5778-4571

デジタル
クリエイティブ
制作会社

株式会社リクリック

〒150-0011 東京都渋谷区東3-12-12 祐ビル 2F
tel:03-6447-1506

デジタル
クリエイティブ
制作会社

株式会社ワーキング・ヘッズ

〒141-0022 東京都品川区東五反田5-26-5 ニッセイ五反田駅前
ビル 2F　tel:03-5447-6151

デジタル
クリエイティブ
制作会社

株式会社ワンゴジュウゴ

〒102-0094 東京都千代田区紀尾井町3-6 紀尾井町パークビル 7F
tel:03-3234-5546

デジタル
クリエイティブ
制作会社

株式会社IDR

〒107-0061 東京都港区北青山2-10-28リヘイビル 2F
tel:03-5770-4769

総合
制作会社

株式会社ITPコミュニケーションズ

〒101-0021 東京都千代田区外神田2-18-2
tel:03-5298-6578

総合
制作会社

AOI TYO Holdings株式会社

〒141-8580 東京都品川区大崎1-5-1 大崎センタービル 5F
tel:03-6893-5005

総合
制作会社

株式会社揚羽

〒104-0032 東京都中央区八丁堀2-12-7 ユニデンビル 3F
tel:03-6280-3336

総合
制作会社

株式会社アバランチ

〒550-0003 大阪府大阪市西区京町堀1-4-22 肥後橋プラザビル 7F
tel:06-6479-2401

総合
制作会社

株式会社ウィルコミュニケーションデザイン研究所

〒550-0014 大阪府大阪市西区北堀江1-3-24 ルイール北堀江Bldg 3F
tel:06-6537-1901

総合
制作会社

株式会社ヴェリー

〒550-0002 大阪府大阪市西区江戸堀1-10-8 パシフィックマークス
肥後橋 5F　tel:06-6225-5371

総合
制作会社

株式会社オサマジョール

〒105-0003 東京都港区西新橋3-13-3 ユニゾ西新橋三丁目ビル 2F
tel:03-6432-4572

総合
制作会社

株式会社カルタクリエイティブ

〒550-0002 大阪府大阪市西区江戸堀1-23-14 新坂ビル030
tel:06-6479-0515

総合
制作会社

株式会社クリエイターズグループMAC

〒107-0052 東京都港区赤坂3-3-5 住友生命山王ビル 2F
tel:03-3588-8311

総合
制作会社

株式会社光風企画

〒460-0017 愛知県名古屋市中区松原2-21-28
tel:052-322-4011

総合
制作会社

コミュノグラフ株式会社

〒930-0066 富山県富山市千石町2-3-16
tel:076-464-5505

総合
制作会社

株式会社Jストリーム

〒105-0014 東京都港区芝2-5-6 芝256スクエアビル 6F
tel:03-5765-7000

総合
制作会社

株式会社ジャパン・アド・クリエイターズ 　総合制作会社

〒559-0034 大阪府大阪市住之江区南港北2-1-10 ATCビル ITM棟 10F
tel:06-4703-6000

株式会社16bit. 　総合制作会社

〒160-0022 東京都新宿区新宿5-12-15 KATOビル 2F
tel:03-5341-4963

株式会社ジュニ 　総合制作会社

〒160-0022 東京都新宿区新宿1-20-13 花園公園ビル 9F
tel:03-5925-8445

株式会社スタジオディテイルズ 　総合制作会社

〒460-0012 愛知県名古屋市中区千代田1-1-20 グリーンハイツ
千代田 1F　tel:052-265-9081

株式会社スパイス 　総合制作会社

〒107-0052 東京都港区赤坂2-17-46 グローヴビル
tel:03-5549-6130

株式会社スリーライト 　総合制作会社

〒103-0005 東京都中央区日本橋久松町5-6
tel:03-5640-5430

株式会社セガナ・クリエイティブ 　総合制作会社

〒160-0023 東京都新宿区西新宿8-14-24 西新宿KFビル710号
tel:03-6908-5720

大日本印刷株式会社 　総合制作会社

〒162-0062 東京都新宿区市谷加賀町1-1-1
tel:03-3266-2111

株式会社たきC1 　総合制作会社

〒450-0002 愛知県名古屋市中村区名駅4-10-25 名駅IMAIビル 4F
tel:052-265-7070

株式会社テイ・デイ・エス 　総合制作会社

〒162-0814 東京都新宿区新小川町8-30 山京ビル 2F

株式会社T's apro 　総合制作会社

〒150-0001 東京都渋谷区神宮前4-19-8
tel:03-6721-1894

株式会社T3デザイン 　総合制作会社

〒150-0002 東京都渋谷区渋谷3-28-13 渋谷新南口ビル 8F
tel:03-5468-9413

株式会社デジタル・アド・サービス 　総合制作会社

〒110-0008 東京都台東区池之端1-2-18 いちご池之端ビル 4F
tel:03-5832-5588

株式会社電通クリエーティブX（クロス） 　総合制作会社

〒105-0021 東京都港区東新橋1-2-5
tel:03-6264-6800

株式会社電通テック 　総合制作会社

〒100-8508 東京都千代田区内幸町1-5-3 新幸橋ビル
tel:03-6257-8000

株式会社東京アドデザイナース 　総合制作会社

〒102-0075 東京都千代田区三番町1 KY三番町ビル 5F
tel:03-3262-3894

株式会社ドリームホールディングス 　総合制作会社

〒108-0074 東京都港区高輪3-4-13 第二高輪偕成ビル 5F
tel:03-6441-2266

株式会社ナイスウェーブ 　総合制作会社

〒460-0008 愛知県名古屋市中区栄2-9-5 アーク栄東海ビル 10F
tel:052-253-5919

株式会社BYTHREE 　総合制作会社

〒550-0003 大阪府大阪市西区京町堀1-13-23 岡崎ビル 1F奥
tel:06-6147-7394

有限会社バウ広告事務所 　総合制作会社

〒106-0032 東京都港区六本木3-16-35 イースト六本木ビル 4F
tel:03-3568-6711

株式会社パズル 　総合制作会社

〒105-0004 東京都港区新橋5-27-1 パークプレイスビル 5F
tel:03-3436-3255

株式会社ビーワークス 　総合制作会社

〒108-0074 東京都港区高輪1-3-13 NBF高輪ビル 9F
tel:03-6859-0100

株式会社広瀬企画 　総合制作会社

〒460-0007 愛知県名古屋市中区新栄2-1-9 雲竜フレックスビル
西館 15F　tel:052-265-7860

株式会社ブラン 　総合制作会社

〒100-0011 東京都千代田区内幸町2-1-1 飯野ビルディング 9F
クロスオフィス日比谷　tel:03-5782-8031

株式会社未来舎 　総合制作会社

〒541-0056 大阪府大阪市 中央区南本町2-2-3 堺筋ビル 8F
tel:06-6261-4606

株式会社YUIDEA 　総合制作会社

〒112-0006 東京都文京区小日向4-5-16 ツインヒルズ茗荷谷
tel:03-6902-2001

日本ビジネスアート株式会社

〒541-0052 大阪府大阪市中央区安土町2-3-13 大阪国際ビルディング15F　tel:06-6261-1010

総合
制作会社

石川テレビ企業株式会社

〒920-0352 石川県金沢市観音堂町チ18
tel:076-266-1200

CM・映像・
Web動画
制作会社

株式会社エンジンフイルム

〒150-0012 東京都渋谷区広尾5-19-9 広尾ONビル
tel:03-3444-0147

CM・映像・
Web動画
制作会社

株式会社キュー

〒460-0007 愛知県名古屋市中区新栄2-13-10
tel:052-249-9919

CM・映像・
Web動画
制作会社

株式会社シーピーエス

〒430-0929 静岡県浜松市中区中央1-16-9 4F
tel:053-450-8685

CM・映像・
Web動画
制作会社

株式会社ストライプス

〒105-0003 東京都港区西新橋2-23-13東洋海事ビル9F
tel:03-6435-7777

CM・映像・
Web動画
制作会社

太陽企画株式会社

〒105-0004 東京都港区新橋5-21-1
tel:03-3436-3251

CM・映像・
Web動画
制作会社

株式会社ダンスノットアクト

〒106-0045 東京都港区麻布十番3-9-7
tel:03-5418-7755

CM・映像・
Web動画
制作会社

株式会社ティーアンドイー

〒810-0005 福岡県福岡市中央区清川2-12-6
tel:092-524-1811

CM・映像・
Web動画
制作会社

Development合同会社

〒150-0012 東京都渋谷区広尾2-14-27 PANGEA TOKYO 2F
tel:03-4540-4341

CM・映像・
Web動画
制作会社

株式会社東北新社

〒107-8460 東京都港区赤坂4-8-10
tel:03-5414-0211

CM・映像・
Web動画
制作会社

株式会社ピクス (P.I.C.S.)

〒150-0022 東京都渋谷区恵比寿南3-9-19 サイシンビル
tel:03-3791-8855

CM・映像・
Web動画
制作会社

ワウ株式会社

〒150-0041 東京都渋谷区神南1-14-3
tel:03-5459-1100

CM・映像・
Web動画
制作会社

あとがき

最後の最後は、「心」で決める

私もそうでしたが、やりたいことを見つけるって、難しいのです。学生時代はなおさら。なぜなら、やってみないと何が心から面白いと感じるか、自分に向いているのか、わからないから。そもそも、やりたいことは変わっていきます。

ただ、自分の心を動かすような、たった一つ言葉との出会いが、その後の大きな道しるべとなることもあります。私自身の就職活動を振り返ると、電通に入る際に行ったOB訪問での言葉が印象的でした。某有名コンサルティング会社から電通に転職した大学OBが、「正直、今も外資コンサルの時と同じくらい、働いている。でもね、楽しいから今の仕事はつらくない。どうせ一生懸命働くなら、楽しい方がいいよね?」と全く飾らないトーンで淡々と話す中、ぼろっとこぼした言葉。それがずっと心に残っています。

きっと本当にそうなんだろうなと。それで広告業界に興味を持つことができました(今は、そもそも働く時間がキュッと短くなっているので、その点は読者の皆さんご安心ください)。その後、無事に電通から内定をもらったものの、別の大手人材会社と迷っていた際、他の電通社員とお話する機会に恵まれました。すると、それぞれ違う言葉だけど前述のOBと本質的に同じことを言っていたのです。やはり、そうなのだなと。ワクワクした気持ちで道を決めたことを覚えています。

人間は論理的に考えることもしますが、最後は「心」で決めています。その時の私は考えて考えて、最後は気持ちがグッときた方にしたわけです。広告の仕事の本質もそこにあったりするのですが、その話は長くなるので横に置いておきましょう(笑)。

いざ入社したら、電通の名刺の色を決める儀式に出会います。100色から自分の色を選ぶことができるのです。私は迷わず、最初にOB訪問でお会いした先輩と同じ色にしました。10年も経ちましたが、一度も変えていません。この先も変える予定はないです。なぜなら、その先輩と彼の言葉に出会わなかったら、今の道には進んでいないから。決めた時の気持ちを忘れたくないからです。そして、今後は自分が誰かにとっての、道を示せる存在になりたいと考えているのです。

そんな私にとって、今回の書籍をつくる機会に巡り会えた時はうれしく思いました。冒頭に書いた通り、働かないとわからないことも多い。けれど、私がそうだったように言葉で心が決まることがあるわけです。ワクワクする言葉、納得感のある言葉、そんな言葉たちとの出会いが人生を左右する。結構な時間をかけて楽しくインタビューさせていただき、結構な時間をかけてヒィヒィ言いながらまとめました。その結晶であるこの書籍が、誰かの心を決める手助けになれば、それほどうれしいことはありません。

あと、まとめる中で気づいたことがあります。本書籍は、クリエイティブを目指す学生さんへのエールでもあると共に、変革続きの広告業界へのエールでもあります。学生の皆さんたちの夢を探すための一助になれば幸いですし、皆さんがこの業界に入ってくれることで、より元気な世界になったらうれしい。切に願っています。

いつか、モノづくりの現場で会いましょう。

あなたと、世界を前に動かすようなアイデアを社会に実装したい。

ジャムセッションのように楽しく。

出会ったことのないワクワクをつくり上げましょう。

その日まで、私も全力で腕を磨いておきます。

では！

最後に、本書籍づくりにご協力くださった皆さまに感謝いたします。

レイ・イナモトさん、中村洋基さん、川村真司さん、眞鍋亮平さん、保持壮太郎さん、大八木翼さん、米澤香子さん、

カワシマタカシさん、なかのかなさん、金じょんひょんさん、富永久美さん、清水幹太さん、コバヤシタケルさん、

馬場鑑平さん、緒方壽人さん、森田考陽さん、徳井直生さん、真鍋大度さん、小玉千陽さん、高橋鴻介さん、和田夏実さん、

花田礼さん、石橋友也さん、髙橋良爾さん、明円卓さん、島村ビギさん、奥村檀さん、漆谷莉奈さん、佐々木康晴さん、

三浦竜郎さん、中橋敦さん、築地ROY良さん、澤邊芳明さん、阿部晶人さん（掲載順）。

リモート環境の中で、未来ある学生さんたちのために快く取材を引き受けてくださり、誠にありがとうございました。

いつかこの書籍を読んだという学生さんが、皆さまの仕事のパートナーになってくれたら非常に嬉しいです。そして私からも、いつか仕事で恩返しさせてください。

そして、私と二人三脚で併走くださったマスナビBOOKS編集部をはじめ、書籍づくりの機会をくださったマスメディアンチームの皆さま、『クリ活1』と『クリ活2』のアートディレクション・デザイン編の著者である井本さん、本当にありがとうございます。井本さんは、この書籍全体のアートディレクションも担当してくださいました。自分を見つめる鏡であり、未来へのチケットであるというコンセプト。オシャレかつカッコいいデザインで最高に気に入っております。プランニング・コピーライティング編の尾上さん含め、人選や構成について打ち合わせした日々や、3人での対談・インタビューし合った時間も楽しく尊い時間でした。

新型コロナウイルスの影響を受け、関係者と直接会うこともほぼなく制作を進めていきました。大変さもありましたが、案外つくれるんだなという発見も。徐々に私たちの制作やモノづくり自体が「新しい当たり前」に向かっていることを実感します。心を通わせ合うためのテクノロジーの使い方を、世界中の人が日々必死に考えているからですよね。つまり、今や全人類がデジタルクリエイティブであり、読者のあなたも新しい未来をつくるクリエイターなのかもしれません。改めて、本書籍に関わってくださった皆さま、手に取ってくださる読者の皆さまに感謝です。

またちょっと先の未来で、お会いしましょう。

歴史があるから、新しいことができる。

フェロールームの創業は1960年。半世紀を超える歴史を持つ会社が、イノベーションについて語るのは場違いに思えるかも知れません。確かに、創業のきっかけとなったPR誌を今も大切に作り続けているし、50年を超える歴史を持つカタログの制作は会社の中核的な事業を担い続けています。時間が経っても変わらない面は確かにあります。

しかし、ただ同じことをしている会社が60年も続くはずがありません。その時代その時代で様々に試み、イノベーションを繰り返してきたからこそ今があるのです。

そのエンジンとなっているのがフェロールームの「クライアント直」というスタイルです。クライアントと直接やりとりする私たちは、日々さまざまな相談ごとを受けています。それはビジネスになるかもしれないし、ならないかもしれない。もしかしたら、それは誰かに聞いてもらいたいわけでもない単なるひとりごとに過ぎないのかも知れません。しかしそうした、誰もが通り過ぎてしまうような一言に耳を傾けてみることが新たな冒険の始まりになることだってあるのです。

実際、普通のコピーライターがふとしたきっかけで転々と海外を彷徨うようになり、先進技術も用いながら海外イベントのアトラクションを作る仕事をしたという例があります。また、普通の営業が何の知識もないまま3D-CGの担当になったことで、今では3D-CGから派生する技術たちを駆使したコンテンツを生み出している例もあります。どれもこれも、始まりはささやかなもの。クライアントが与えてくれたその小さなきっかけに好奇心を刺激され、全力で取り組むために苦闘しているうち、気がつけば今までとは全く違う場所にいたということです。

そしてこうしたことは、60年の歴史で繰り返し起きています。会社の基盤となっているカタログにしてもセールスプロモーションにしても、最初は手さぐりから始まっています。だからこそフェロールームには、新しいことに対して恐れることなく自由にチャレンジすることができる懐の深さがあります。古い会社だからこそ、新しいことができるのです。

CREATIVE PRODUCTION
Fellow Room

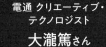

massnavi

by マスメディアン

広告・マスコミ・IT業界を目指す学生のための就活応援サービス

マスナビは、マーケティング・デジタル・クリエイティブ・コミュニケーションデザインなど、
新しい当たり前をつくる仕事、未来をもっと面白くする仕事を目指すあなたに、さまざまな機会を提供しています。

MASSMEDIAN

massnaviでは
入学したての
大学1年生から
就活目前の学生まで、
大学生全学年の
キャリアのきっかけを
サポートしています。
未来をもっと面白くする
仕事に就くための
就活のステップを
ご紹介します。

STEP 1
自分のキャリアを考えてみる

将来を考える上で、まずは、"自分について知ってみる"ことを。好きなこと、嫌いなこと。得意なこと、不得意なこと。これまで学校でどんなことをしてきたか、これまで歩いてきた道のり。自分を振り返り、適性を知ると、自然とキャリアビジョンが湧いてきます。

STEP 2
先輩のキャリアに触れてみる

業界の最前線で活躍する若手から大ベテランの先輩まで、さまざまな人のキャリアに触れることで、より具体的に進むべき方向性が見出だせます。massnaviでは、内定したての身近な先輩も含め、業界を牽引する大先輩まで、いろいろなキャリアを知るイベントやインタビューコンテンツを展開しています。

STEP 3
業界・職種について詳しく知る

まずは業界の理解と職種を知ることが大切です。「仕事の流れ」「お金の流れ」「なりたち」など基本から業界を理解すること、職種ごとに求められる能力を理解し"自分に合う仕事とはなにか"を発見することが、理想のキャリアに近づく一歩となります。

STEP 4
実際に体験してみる

インターネットや人伝えの情報に振り回されないために、実際に体験することは大事です。自ら頭や手を動かし学びを得られるワークショップや、企業によるインターン体験など、massnaviの取り組みから今なにを準備すべきかが見えてくるかも。アイデアの見つけ方やスキルの磨き方など、頭に汗かくクリエイティブな体験は、仕事への憧れや理解を深めます。

STEP 5
企業について知る

"なぜ、その企業で働きたいのか、働く上でなにを重視するのか"よく考えてみましょう。イベントや説明会に参加して、直接仕入れる情報は、新鮮かつ貴重です。インターネットの情報に加えて、できる限り自分の五感を駆使し生きた情報を得ることが、企業を理解する上で価値のある情報となりえます。

STEP 6
選考について知る

選考を受ける上でも準備が大切です。模擬面接やワークショップ体験、業界特有のクリエイティブテストや筆記試験など、すべてのプロセスに対策を講じましょう。

STEP 7
選考を受ける

筆記試験ではSPI、語学力テスト、作文（小論文）などが主流ですが、一方で、グループワーク、グループディスカッション、グループ面接など、多数の中の立ち回りから、その方の人柄を見ることもあるようです。志望する企業がどんな選考方法をとっているのか、情報を十分に集め準備して、広告会社のプレゼンと同様に、戦略的に内定を勝ち取りましょう。

年間100回以上の
業界研究セミナー・イベントを実施

有名クリエイター・経営者・大手広告会社の採用担当・若手社員・内定者など業界人の話を聞けるセミナーを多数開催。オンラインライブ、オンデマンド配信も多数行っています。

適職診断・職種解説など、広告業界の仕事を
詳しく知ることができるコンテンツを公開中

自分に合った仕事を見つけるためのコンテンツも数多くご用意しています。

大手広告会社・テレビ局の内定者への
インタビュー記事を会員限定で公開

内定者への最新インタビュー記事を会員限定で公開。選考突破に直結する「就活のコツ」を多数ご紹介しています。

ほかにはない、
マスナビ限定の求人も多数掲載

広告会社の求人だけではなく、誰もが知る大手メーカーのマーケティング職や、著名なクリエイティブエージェンシーのコピーライター職など、ほかの就活サイトにはない、マスナビ限定の採用情報が盛りだくさん。

JAAA（日本広告業協会）やJDLA（日本ディープラーニング協会）など
業界を牽引する主要団体との講座もマスナビだけ！

本格的な就活前に、キャリアを考えるきっかけになったり、スキルを身につけたりするための講座も開催。アーカイブ配信中です。

就職準備はここからスタート

マスナビBOOKS

改訂版
広告のやりかたで就活をやってみた。

ロングセラーの就活本が、改訂版としてさらに充実!
もし、就活中の学生がマーケティングを学んだら? 大手広告会社のプランナーが、
広告のステップに沿って就活を徹底検証。すべての業界で使える就活に大切なポイント
「ツボ20」を紹介する。改訂版では、新しいツボを2つ加え、さらにパワーアップ!
選ばれるための伝わるコミュニケーションとは?

小島雄一郎 著
本体：1,400円＋税　ISBN 978-4-88335-423-8

なぜ君たちは就活になるとみんな
同じようなことばかりしゃべりだすのか。

なぜ君たちは、就活になるとみんな同じようなことばかりしゃべりだすのか。
そんな疑問を抱いた6人の広告プランナーがつくり上げた
自己分析や面接対策の実践本。
ジブンの本当の価値を伝える技術を指南します。

小島雄一郎、笹木隆之、西井美保子、保持壮太郎、吉田将英、大来優 著
本体：1,400円＋税　ISBN 978-4-88335-323-1

ザ・就活ライティング
20歳からの文章塾

書けない人を書ける人にする本、誕生。マスナビの人気文章講座「黒澤塾」が書籍化!
著者が文章講座を通して感じた、学生がつくる文章の良し悪しを
具体的に解説し、エントリーシートのコツや、文章作成のノウハウを伝える。
書きたいことの半分も書けない就活生へ。最初のステップ、
ES・作文で消えないために。元博報堂コピーライターが、その文章術を教える。

黒澤晃 著
本体：1,200円＋税　ISBN 978-4-88335-369-9

これから、絶対、コピーライター

コピーライターになりたい人を、コピーライターにする本。
あの広告会社で、多くのコピーライターを採用、発掘、教育した著者が
門外不出であったコピーライターになるための方法を初公開。
コピーライターのすべてがわかる入門書。

黒澤晃 著
本体：1,400円＋税　ISBN 978-4-88335-344-6

編集・監修：マスメディアン マスナビ編集部　発行：宣伝会議

マスナビBOOKS

改訂版　就活、転職の役に立つ
デジタル・ITに業界がよくわかる本

全ページのデザインを一新し、より見やすく、よりわかりやすく、
デジタル・ITの知識を紹介しています。また、令和時代に合わせて、新たに情報を加筆。
デジタル・ITの最新トレンドや、グーグルやアップルなど大手IT企業のビジネスモデル、
2020年最新の動向を取り上げています。学生向け就活本としてはもちろん、
若手社会人の学習にも役立つ、ビギナーにこそ読んでほしい一冊です。

志村隆一　著
本体：1,200円＋税　ISBN 978-4-88335-491-7

就活でどうしても会いたい<u>テレビ人</u>24人への
OB・OG訪本

ちょっとやそっとじゃ会えない凄い先輩方へのインタビューを敢行し、
本を通じてのOB・OG訪問を実現。今回は、NHK、日本テレビ、TBS、
テレビ東京、フジテレビ、読売テレビ、北海道テレビ、テレビ埼玉、TOKYO MXで
あの人気番組を制作する24人のテレビ人に、学生時代の就職活動、
テレビの仕事、テレビへの思い、テレビのこれからを聞きました。

一般社団法人 未来のテレビを考える会 編著
本体：1,400円＋税　ISBN 978-4-88335-347-7

就活でどうしても会いたい<u>編集者</u>20人への
OB・OG訪本

ベストセラー・ヒット作をつくる編集者には、共通点があった!?
雑誌、本、マンガ、ネットニュース、それぞれの分野で注目を集める編集者にインタビュー。
ブームを生み出す裏側や、転換期の出版業界で求められる
新しい編集者の在り方について迫りました。
編集者の仕事を、わかっているつもりのあなたに読んでほしい。

マスメディアン マスナビ編集部 編
本体：1,400円＋税　ISBN 978-4-88335-370-5

就活でどうしても会いたい<u>起業家</u>24人への
OB・OG訪本

24人の起業家があなたの背中を押してくれる本。
さまざまな業界で活躍する起業家にインタビュー！
よくある起業のノウハウ本ではなく、起業家としてのメンタリティについて
触れたはじめての本です。「社会を変革したい」「何かを成し遂げたい」
「その何かが見つからない」と思っている学生に読んでほしい一冊。

マスメディアン マスナビ編集部 編
本体：1,400円＋税　ISBN 978-4-88335-371-2

編集・監修：マスメディアン マスナビ編集部　発行：宣伝会議

クリ活2 デジタルクリエイティブ編

発行日　2021年2月1日　初版第1刷

監修	株式会社マスメディアン
編著	大瀧篤
編集	マスナビ編集部
アートディレクション	井本善之
デザイン	佐藤光/高橋里衣/井口博/稲垣弘行/三俣智
	小木野圭悟/大森廉/長谷川愛美/山口祐基

発行者	東彦弥
発行所	株式会社宣伝会議
	東京本社　〒107-8550　東京都港区南青山3-11-13
	TEL:03-3475-3010(代表)
	https://www.sendenkaigi.com/
印刷・製本	日経印刷株式会社

ISBN978-4-88335-504-4

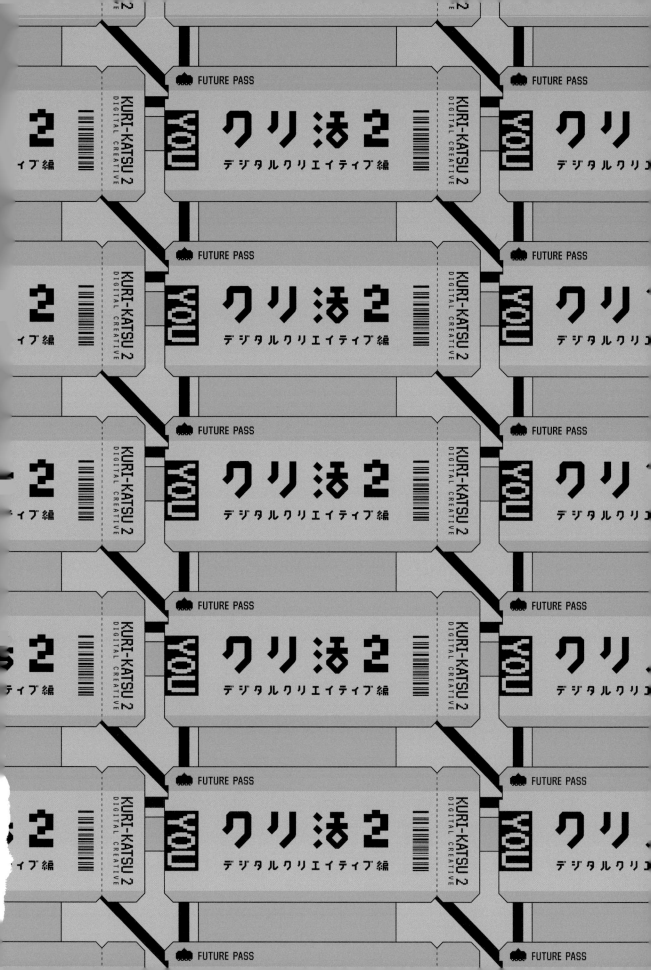